Lessing | Nathan der Weise

Lektüreschlüssel XL

für Schülerinnen und Schüler

Gotthold Ephraim Lessing

Nathan der Weise

Von Theodor Pelster

Reclam

Dieser Lektüreschlüssel bezieht sich auf folgende Textausgabe: Gotthold Ephraim Lessing: *Nathan der Weise. Ein dramatisches Gedicht in fünf Aufzügen*. Hrsg. von Thorsten Krause. Stuttgart: Reclam, 2015 [u. ö.]. (Reclam XL. Text und Kontext, 19156.)

Diese Ausgabe des Werktextes ist seiten- und zeilengleich mit der in Reclams Universal-Bibliothek Nr. 3.

E-Book-Ausgaben finden Sie auf unserer Website unter www.reclam.de/e-book

Lektüreschlüssel XL | Nr. 15463
2017 Philipp Reclam jun. GmbH & Co. KG,
Siemensstraße 32, 71254 Ditzingen
Druck und Bindung: Kösel GmbH & Co. KG,
Am Buchweg 1, 87452 Altusried-Krugzell
Printed in Germany 2019
RECLAM ist eine eingetragene Marke
der Philipp Reclam jun. GmbH & Co. KG, Stuttgart
ISBN 978-3-15-015463-2

Auch als E-Book erhältlich

www.reclam.de

Inhalt

Inhalt

1. Schnelleinstieg

Autor	Gotthold Ephraim Lessing (1729–1781), Hofbibliothekar in Wolfenbüttel im Dienst von Herzog Karl I. von Braunschweig-Lüneburg
Entstehungszeit	• Lessing veröffentlicht die religionskritischen Schriften des Orientalisten Reimarus, verschweigt aber den Autor (ab 1774) • Ursprung des Fragmentenstreits mit dem Hamburger Hauptpastor Johann Melchior Goeze (1777) • Lessing wird die Zensurfreiheit für religionskritische Texte entzogen (1777). Ankündigung des *Nathan* in der Berliner *Litteratur- und Theaterzeitung* (29. August 1778) • Umarbeitung der Entwürfe zu einem »Dramatischen Gedicht«: *Nathan der Weise* (Analogie zum Fragmentenstreit)
Veröffentlichung der Textfassung	1779
Uraufführung	14. April 1783 in Berlin, Döbellinisches Theater
Gattung	Dramatisches Gedicht in fünf Aufzügen
Ort und Zeit der Handlung	Jerusalem an einem Tag des Jahres 1192 n. Chr.
Handlungsorte	Straßen und Plätze in Jerusalem, Haus des Juden Nathan, Palast von Sultan Saladin
Historisches Vorbild	Sultan Saladin und die Zeit der Waffenstillstandsverhandlungen zwischen Muslimen und Christen während des dritten Kreuzzugs

Das Thema

»[…] und er will – Wahrheit.« (V. 1867) So wundert sich der Jude Nathan an einer zentralen Stelle in Lessings Drama *Nathan der Weise*. Er war von Sultan Saladin vorgeladen worden, hatte erwartet, dass er um Geld angegangen werde, und wird nun mit einem ganz anderen Problem konfrontiert. Der Gedankenstrich, der vor dem bedeutungsschweren Substantiv steht, zeigt eine Verzögerung an, die einerseits Ausdruck der Überraschung ist und die andererseits daran denken lässt, dass es sehr viel schwerer ist, einen Herrscher mit Wahrheit als mit Geld zu bedienen.

Nicht nur der Sultan will Wahrheit. Gewissheit über den Lauf der Welt und das Leben der Menschen zu gewinnen, ist seit jeher ein menschliches Bestreben gewesen. Im Begriff der *Aufklärung* wird dieses Anliegen zu einem allgemeinen Programm. Von Frankreich und England ausgehend, erreicht die Forderung nach Aufklärung im 18. Jahrhundert Deutschland und hat bis heute nichts an Bedeutung verloren: Von der »Verbraucheraufklärung« bis zum parlamentarischen Untersuchungsausschuss gibt es eine Reihe von Gremien, die es sich zum Ziel gesetzt haben, Sachverhalte aufzuklären und Personen angemessen zu informieren, ihnen Gewissheit zu verschaffen.

Worterklärung: Aufklärung

Das deutsche Wort *Aufklärung* gehört zur gleichen Wortfamilie wie *klar, Klarheit, erklären* und wird ursprünglich im Bereich der Wetterkunde verwendet. Aufklärung nennt man dort den Vorgang, dass sich Wolken und Nebel auflösen, die Sonne durchbricht und für Licht und Klarheit sorgt. Überträgt man das Bild, so ist Aufklärung der Prozess, in dem sich das Licht der Wahrheit Bahn bricht und alle Unklarheiten menschlichen Denkens und Meinens beseitigt. Eine Erkenntnis, so wird seit den berühmten Überlegungen des französischen Philosophen Descartes (1596–1650) gefordert, muss »clare et distincte«[1], also klar und deutlich sein, wenn sie Verbindlichkeit beanspruchen will.

Im Prozess der Aufklärung war zunächst zu fragen, welche Wolken und welcher Nebel das klare Denken beeinträchtigen. Sehr schnell durchschaute man, dass alle Arten von Aberglauben und Zauberei, von Gespensterglaube und Spukerzählung Hemmnisse der Wahrheitsfindung sind. Der deutsche Philosoph Thomasius ging dann in seiner *Einleitung zur Vernunftlehre* (1691) noch radikaler vor und forderte, dass grundsätzlich alle »Praejudicia«, also alle Vor-Urteile geprüft werden müssten; denn sie seien »der Quell aller falschen Meinungen«[2]. Vor-Urteile sind für ihn jene Ansichten, mit denen Kinder aufwachsen, ehe sie eigenständig denken können, und solche Gedankensysteme, die auch Erwachsene bedenkenlos von unterschiedlichen Autoritäten übernehmen, weil sie

Das Programm: Beseitigung der Vorurteile

1 Descartes, *Meditationes de prima philosophia*, lat./dt., Hamburg 1956, S. 60.

2 Christian Thomasius, *Von denen Irrtümern und deren Ursprüngen*, in: *Aus der Frühzeit der deutschen Aufklärung. Christian Thomasius und Christian Weise*, hrsg. von Fritz Brüggemann, Darmstadt 1972, S. 31.

nicht eigenständig denken wollen. Als Instanzen, die solche Autorität beanspruchen und Gehorsam erwarten, werden zunächst die Kirchen und Kirchenführer und später die Staaten und Herrscher auf den Prüfstand gestellt.

Die Methode der Kritik

In der berühmten Aufforderung des Königsberger Philosophen Immanuel Kant »Habe Mut, dich deines *eigenen* Verstandes zu bedienen!«[3] ist ansatzweise das ganze Programm der Aufklärung enthalten. Jeder Einzelne wird aufgefordert, von der eigenen Vernunft Gebrauch zu machen und jede angebotene Meinung zu überprüfen. Die Methode der Überprüfung soll in einer kritischen öffentlichen Erörterung erfolgen.

Kritik ist, wörtlich übersetzt, die »Kunst der Beurteilung« und gilt als eine der wichtigsten Fähigkeiten des Menschen, um sich vor den Folgen von Irrtum und Täuschung zu bewahren. Dabei ist zu beachten, dass Kritik einer Sache, eines Satzes oder einer Person nicht Ablehnung, sondern Untersuchung bedeutet. Kritik ist eine Methode, durch welche die Bedingungen und Möglichkeiten des Erkennens und des Handelns geprüft werden.

Angestrebt wird das richtige, zuverlässige, gewisse und deshalb wahre Urteil. Ungewiss ist, ob dieses große Ziel für Menschen jemals erreichbar ist. Leichter ist es, begründete Zweifel vorzutragen als vorhandene Zweifel zu beheben. Eine Möglichkeit, durch

3 Immanuel Kant, *Beantwortung der Frage: Was ist Aufklärung?*, in: *Philosophisches Lesebuch. Von den Vorsokratikern bis heute,* Stuttgart 2013, S. 240.

begründendes Denken zur Klarheit zu kommen, sieht man in den Formen des Diskurses, der mündlichen und schriftlichen Erörterung von Problemfragen. Dazu gehört, genaue Begriffe zu bilden, verständliche Behauptungen aufzustellen und überzeugende Argumente zur Beweisführung beizubringen. Verstand und Vernunft sind gefragt; der Verzicht, sich auf Autoritäten und tradierte Geltungsansprüche zu berufen, ist Voraussetzung.

Das Verfahren des Diskurses

Lessing fordert mit seinem Drama *Nathan der Weise* dazu auf, sich an der Wahrheitssuche zu beteiligen. Er entwirft ein Modell, in dem die Frage nach der Wahrheit der Religion erörtert wird. Für seine Zeit war diese Frage besonders brisant, weil Staat und Kirche in enger Verbindung standen. In dem Augenblick, in dem den Lehren der Kirche der blinde Gehorsam aufgekündigt und sie aufgefordert wurden, sich dem Diskurs zu stellen, musste der absolut regierende Herrscher, der sich als »Herrscher von Gottes Gnaden« ausgab, vermuten, dass auch er und seine Legitimation zur Diskussion gestellt würden.

Über die theologische und politische Diskussion hinaus wuchs die philosophische. In der Einleitung zu seiner *Logik* schreibt Immanuel Kant:

> »Das Feld der Philosophie in dieser weltbürgerlichen Bedeutung läßt sich auf folgende Fragen bringen:
> 1. Was kann ich wissen?
> 2. Was soll ich tun?

3. Was darf ich hoffen?
4. Was ist der Mensch?«[4]

Die Fragen sind offen. Unterschiedliche Meinungen liegen als Antworten bereit. Zu prüfen ist, inwieweit in ihnen begründete Wahrheiten enthalten sind.

4 Immanuel Kant, *Logik*, in: *Werke*, Bd. 9. Zit. nach: Johann Karl Mader, *Der Philosoph. Wesensbestimmung, Grundprobleme und Disziplinen der Philosophie*, Wien/Heidelberg 1966, S. 24.

2. Inhaltsangabe

Erster Aufzug

1. Auftritt: Der Jude Nathan, ein reicher Kaufmann aus Jerusalem, ist von einer weiten Geschäftsreise, die ihn während eines Waffenstillstands zur Zeit der Kreuzzüge bis Babylon führte, wohlbehalten nach Hause zurückgekehrt. Hier muss er erfahren, dass in der Zwischenzeit sein Haus brannte und dass Recha, seine Pflegetochter, die allgemein für seine leibliche Tochter gehalten wird, von einem Tempelherrn aus den Flammen gerettet wurde. Daja, eine Hausangestellte christlichen Glaubens, möchte in der Rettung Rechas ein Wunder, also einen unmittelbaren Eingriff des Himmels sehen. Nathan weist diese Deutung zurück. Er hält die Rettung für die gute Tat eines edlen Mannes, bei dem er sich unbedingt bedanken möchte. Überraschend und der Erklärung bedürftig sind für ihn die näheren Umstände der Tat: Wie ist zu erklären, dass im Herrschaftsbereich des muslimischen Sultans Saladin ein christlicher Tempelherr freien Ausgang hat, während auch zur Zeit der augenblicklichen Waffenruhe christlichen Tempelrittern meist die Hinrichtung droht, wenn man ihrer habhaft wird? Und: Was veranlasst einen christlichen Ritter, unter Einsatz seines Lebens ein Judenmädchen zu retten?

■ Die Rettung Rechas – ein Wunder?

2. Auftritt: Wenn Recha, die ihren Vater freudig begrüßt, von ihrer Rettung berichtet, merkt man, dass sie die Deutung Dajas übernommen hat und überzeugt ist, dass ihr ein »Wunder« (V. 208) widerfahren sei, verursacht durch den unmittelbaren Eingriff eines »Engel[s]« (V. 190). Nathan tadelt Recha und Daja als »grausame Schwärmerinnen« (V. 329) und sucht nach einer natürlichen Erklärung der Zusammenhänge, die auch für ihn vorläufig »so gar unglaublich« (V. 254) sind. Nathan bestreitet nicht, dass es Gott ist, der letzten Endes die »Fäden lenkt« (V. 275); aber er hält den Menschen für fähig, aus eigener Einsicht im Sinne dieses Gottes »Gutes« (V. 358) zu tun und das Eingreifen von Engeln überflüssig zu machen. Deshalb ist laut Nathan im Sinne Gottes und zum Wohl der Menschen »gut handeln« (V. 364) angemessener, aber auch schwerer als »andächtig schwärmen« (V. 360). Recha zeigt sich nach dieser Belehrung weitgehend überzeugt, als das Gespräch dadurch unterbrochen wird, dass Al-Hafi, ein Schachpartner Nathans, Muslim und neuerdings Schatzmeister des Sultans, erscheint.

3. Auftritt: Als Derwisch, d. h. als Mitglied eines mohammedanischen Bettelordens, fühlt sich Al-Hafi in der Rolle eines Schatzmeisters in den Diensten des Sultans sehr unwohl. Er sieht, dass der Sultan einerseits in Finanznöten ist und dass er andererseits Geld nicht besonders hoch zu schätzen scheint. Halbherzig macht Al-Hafi den Versuch, bei Nathan Geld für den Sultan zu leihen, und ist fast froh, als der das ablehnt.

Die Geldnot Saladins

4. Auftritt: Daja hat inzwischen den Tempelherrn »unter Palmen« (V. 511) wandeln sehen. Nathan macht sich fertig, ihn zu begrüßen und zu sich nach Hause einzuladen.

5. Auftritt: Auf dem Platz mit Palmen wird der Tempelherr zunächst von einem Klosterbruder angesprochen. Dieser soll im Auftrag des Patriarchen, also des Bischofs von Jerusalem und somit des höchsten christlichen Repräsentanten am Ort, den Tempelherrn auf seine Zuverlässigkeit prüfen. Erweist er sich als Vertrauter, so soll er eine Botschaft des Patriarchen an König Philipp, den Führer des Kreuzfahrerheers, übermitteln, diesen dabei über die Situation der Stadt Jerusalem informieren und selbst bereit sein, Saladin »den Garaus […] zu machen« (V. 671). Der Tempelherr, der von Sultan Saladin begnadigt wurde, sieht in solchen Tätigkeiten einen Verrat an seinem Wohltäter und weist die Bitten und Aufträge – zur großen Erleichterung des Klosterbruders – entschieden zurück.

■ Die Hinterlist des Patriarchen

6. Auftritt: Daja ist vorausgegangen und lädt den Tempelherrn ein, Nathan und sein Haus kennenzulernen. Der Tempelherr weigert sich hartnäckig.

Zweiter Aufzug

1. Auftritt: In seinem Palast spielt Sultan Saladin mit seiner Schwester Sittah Schach. Er ist unkonzentriert, was verwunderlich ist, da er bei Spielverlust einen Geldbetrag an die Gewinnerin zu zahlen hat, was aber verständlich wird, wenn man erfährt, welche Gedanken ihn bewegen. Er möchte Ausgleich zwischen den

■ Politische Absichten Saladins

Konfliktparteien schaffen. Sein Bruder Melek hätte die Schwester von Richard Löwenherz, dem Heerführer der Gegenseite, heiraten sollen. Doch Melek ist verschollen. Nun möchte er seine Schwester Sittah mit Richards Bruder verbinden, um so »der ersten, / Der besten Häuser in der Welt das beste« (V. 861 f.) zu begründen. So soll – auch im Großen – ein Verbund von Menschen entstehen, der die Unterschiede der Völker und der Konfessionen überwindet.

2. Auftritt: Al-Hafi, der dem Sultan meldet, dass ausstehende Gelder aus Ägypten »vermutlich« (V. 916) angekommen seien, möchte den Sultan vor der drohenden Niederlage im Schach bewahren, merkt aber, dass Saladin an einem Gewinn überhaupt nicht gelegen ist, und deckt schließlich auf, dass Sittah die im Spiel gewonnenen Gelder ohnehin in die Kasse Saladins zurückgibt. Beide, Saladin und Sittah, können Geld nicht für sich behalten, wenn sie sehen, dass es ein anderer nötig braucht. Sittah möchte Al-Hafi veranlassen, Geld für den Sultan bei Nathan zu entleihen, dessen »Reichtum« (V. 1040) und »Weisheit« (V. 1041) bei früherer Gelegenheit von Al-Hafi gepriesen wurden.

3. Auftritt: Nachdem Al-Hafi etwas unwillig weggegangen ist, informiert Sittah ihren Bruder genauer über den Ruf, der dem Juden Nathan vorausgeht.

4. Auftritt: Recha, die immer mehr zu erkennen gibt, dass sie sich in den Tempelherrn verliebt hat, kann es kaum erwarten, dass Nathan mit ihrem Retter zusammentrifft.

5. Auftritt: Das Gespräch, in dem sich der Jude Nathan bei dem christlichen Tempelherrn für dessen große Tat bedankt, ist zunächst von Vorurteilen belastet. Dann erkennen beide ihre übereinstimmende Überzeugung, »dass alle Länder gute Menschen tragen« (V. 1274), und sie gestehen einander: »Wir müssen, müssen Freunde werden.« (V. 1319, vgl. V. 1306)

Freundschaft zwischen Nathan und Tempelherrn

6. Auftritt: Daja unterbricht das Gespräch durch die Meldung, der Sultan wünsche Nathan zu sprechen.

7. Auftritt: In der Fortsetzung des Gesprächs stellt sich der Tempelherr mit seinem Namen vor – »Curd von Stauffen« (V. 1374) –, erzählt von seiner Familie und der Begnadigung durch den Sultan. Nathan beginnt Beziehungen zwischen dem Tempelherrn und seinem alten Freund Wolf von Filnek, Rechas tatsächlichem Vater, zu erahnen.

8. Auftritt: Ehe Nathan zu Saladin geht, stellt er Daja in Aussicht, dass sie und Recha den Tempelherrn »jeden Augenblick« (V. 1408) erwarten können. Er warnt Daja davor, dem Tempelherrn zu viel über Recha mitzuteilen.

9. Auftritt: Al-Hafi möchte Nathan auf den Besuch beim Sultan vorbereiten. Er selbst möchte die Dienste beim Sultan aufgeben und als Bettelmönch an den Ganges ziehen.

Dritter Aufzug

1. Auftritt: Der Christin Daja größter Wunsch ist weiterhin, Recha in christliche Hände zu geben und in ein christliches Land – »Europa« (V. 1538) – zu vermitteln. In Recha ist aber inzwischen der »Samen der Vernunft« (V. 1564) aufgegangen, so dass sie gegenüber den Plänen Dajas skeptisch ist.

Der Tempelherr liebt die Jüdin

2. Auftritt: Dem Tempelherrn gegenüber findet Recha die passenden Dankesworte. Dieser verlässt Recha, um ihren Vater beim Sultan zu treffen, mit dem Gefühl, mehr für Recha zu empfinden, als er, der Tempelherr, zu dürfen meint.

3. Auftritt: Daja macht im Nachgespräch bewusst, was Recha fühlt, dass nämlich zwischen Recha und dem Tempelherrn eine gegenseitige Zuneigung besteht.

4. Auftritt: Saladin und Sittah erwarten den Besuch Nathans.

5. Auftritt: Kaum hat Saladin Nathan begrüßt und etwas näher kennengelernt, als er ihn mit der Frage überfällt:

> »Was für ein Glaube, was für ein Gesetz
> Hat dir am meisten eingeleuchtet?« (V. 1840 f.)

6. Auftritt: Nathan hat nur kurz Zeit zu überlegen und beschließt, die Frage mit einem »Märchen« (V. 1890) zu beantworten.

7. Auftritt: Der Sultan ist einverstanden, sich ein

»Geschichtchen« (V. 1905) anzuhören und erkennt zunehmend, dass die Geschichte von den drei Ringen eine Antwort auf seine Frage, »was für ein Glaube« ihm »am meisten eingeleuchtet« (V. 1840 f.) habe, ist. Er kann sich mit Inhalt und Intention der Parabel identifizieren und bittet Nathan: »sei mein Freund.« (V. 2060) Im weiteren Gespräch erkennen sie, dass »aus Einer guten Tat« (V. 2104), nämlich der Begnadigung des Tempelherrn, »andre gute Taten« (V. 2106), so die Rettung Rechas durch den Tempelherrn, geflossen sind. Das ist ein weiterer Grund für den Sultan, den Tempelherrn genauer kennenlernen zu wollen.

Die Ring-Parabel

8. Auftritt: Der Tempelherr, unter Palmen auf und ab gehend, gibt vor sich selbst zu, an Recha »verstrickt, in sie verwebt zu sein« (V. 2125). Dass der Tempelritter überhaupt »liebt« (V. 2130), ist eine erste Komplikation, dass »der Christ das Judenmädchen [liebt]« (V. 2131 f.), eine zweite.

9. Auftritt: Alle Bedenken beiseiteschiebend, bittet der Tempelherr Nathan ungestüm um die Hand Rechas und ist verwirrt, als dieser um Bedenkzeit bittet.

Zurückweisung des Tempelherrn durch Nathan

10. Auftritt: Daja ist dem Tempelherrn nachgegangen. Sobald sie ihn allein sprechen kann, verrät sie ihm, dass Recha nicht die leibliche Tochter Nathans ist, sondern eine Christin, die Nathan an Kindes statt angenommen hat.

Vierter Aufzug

1. Auftritt: Der Tempelherr hat nun seinerseits den Klosterbruder aufgesucht, um eine Verbindung zum Patriarchen herzustellen.

Der Auftritt des Patriarchen

2. Auftritt: Der Patriarch ist »sehr erfreut« (V. 2462), dem Tempelherrn zu begegnen, und noch mehr darüber, dass dieser ihn um einen Rat fragt. Es geht um das Problem, ob ein Jude »ein Christenkind« (V. 2504) erziehen dürfe oder nicht. Für den Patriarchen steht das Urteil fest: »der Jude wird verbrannt« (V. 2546). Der Tempelherr bricht den »Sermon« (V. 2584) ab. Der Patriarch beabsichtigt, den Sultan um Amtshilfe zu bitten.

Erinnerungen an Assad

3. Auftritt: Eine »Menge Beutel« (nach V. 2600) Geldes, die Anleihe Nathans, werden in den Palast des Sultans getragen. Saladin und Sittah warten auf Nathan und den Tempelherrn und erinnern sich in der Zwischenzeit ihres Bruders Assad.

4. Auftritt: Der Tempelherr erscheint bei Saladin und beklagt sich, dass der Jude Nathan ihm die Hand Rechas verweigere, die, wie er jetzt wisse, ein »Christenkind« (V. 2776) sei.

5. Auftritt: Sittah empfiehlt Saladin, Recha zu sich in den Palast zu holen.

6. Auftritt: Daja bereitet gedanklich für Recha das Brautkleid vor. Sie geht davon aus, dass der Tempelherr Anspruch auf Recha habe.

7. Auftritt: Zu Nathan kommt der Klosterbruder, der nun weiß, dass der Patriarch nach der Herkunft

Rechas forschen wird, und der sich erinnert, dass er Nathan »vor achtzehn Jahren«, damals noch ein »Reitknecht«, »ein Töchterchen […] von wenig Wochen« (V. 2971 f.) gebracht hat, das er von »Wolf [v]on Filnek« (V. 2976 f.), dem Vater, übernommen hatte, als die Mutter des Kindes gestorben war. Nathan erinnert sich an die Situation. Der Klosterbruder hat sogar noch »vom sel'gen Herrn ein Büchelchen« (V. 3102).

Die Vorgeschichte Rechas und Nathans

8. Auftritt: Daja berichtet Nathan, dass Prinzessin Sittah Recha zu sich hat rufen lassen. Daja beabsichtigt nun, Recha selbst über deren wahre Herkunft zu informieren.

Fünfter Aufzug

1. Auftritt: Bei Sultan Saladin wird der endlich eintreffende Geldtransport aus Ägypten ausgeladen.

2. Auftritt: Saladin lässt sich vom Krisengebiet im Libanon berichten.

3. Auftritt: Der Tempelherr, unter Palmen vor Nathans Haus auf und ab gehend, durchdenkt seine Situation und befürchtet, dem Patriarchen zu viel anvertraut zu haben.

4. Auftritt: Der Klosterbruder bringt Nathan das Buch, »der Tochter ganzes väterliches Erbe« (V. 3295), das Nathan helfen soll, die wahren Verwandtschaftsverhältnisse aufzuklären.

5. Auftritt: Der Tempelherr trifft auf Nathan. Dem Tempelherrn tut längst leid, dass er dem Patriarchen mehr gesagt hat, als gut war. Er gesteht auch, dass Daja

Das Drängen des Tempelherrn

ihm die wahre Geschichte Rechas anvertraut hat. Er glaubt, Nathan einen sicheren Vorschlag zur Rettung Rechas und zur Lösung aller Probleme zu machen, indem er sagt: »Gebt Sie mir!« (V. 3444 f.). Doch Nathan zögert, bittet den Tempelherrn, ihm zu Saladin zu folgen, dort werde er unter anderem den Bruder Rechas kennenlernen.

6. Auftritt: Recha ist inzwischen bei Sittah eingetroffen und freundschaftlich empfangen worden. Sie durchschaut die Situation nicht und merkt nur, dass Daja, die ihr »so viel Gutes, – so viel Böses« (V. 3576) erwies, neue Konflikte geschaffen hat, indem sie verbreitete, Recha »sei / Aus christlichem Geblüte« (V. 3635 f.) und Nathan nicht ihr wahrer Vater.

7. Auftritt: Den eintretenden Sultan fleht Recha an, ihr zu helfen und ihr Nathan als Vater zu lassen. Saladin bietet an, im Notfall selbst die Vaterrolle übernehmen zu wollen. Indirekt empfiehlt er jedoch, nicht auf die Obhut eines Vaters zu setzen, sondern nach jemandem Ausschau zu halten, »der mit uns um die Wette leben will!« (V. 3675)

Letzter Auftritt: Jetzt treffen auch Nathan und der Tempelherr bei Saladin ein. Damit sind alle Hauptfiguren und die wichtigsten Repräsentanten der drei Hauptreligionen versammelt. Nun werden alle Probleme und Konflikte gelöst. Indem der Sultan berichtet, dass der Geldtransport eingetroffen und er wieder »reich« (V. 3694) sei und Nathan die Anleihe zurückzahlen könne, ist ein Nebenproblem beseitigt. Wichtiger sind die Darlegungen Nathans. Er kann jetzt nachweisen, dass der Tempelherr nicht Curd von Stauffen, sondern Leu von Filnek heißt. Seine Mutter war eine »Stauffin« (V. 3771), aber sein Vater hieß Wolf von Filnek, war kein Deutscher, sondern in Wahrheit Assad, der verschollene Bruder des Sultans. Curd von Stauffen nahm den Sohn seiner Schwester »an Kindes statt« (V. 3776) an und stellte ihn unter seinem Namen als Curd von Stauffen vor. Recha hieß ursprünglich »Blanda [v]on Filnek« (V. 3807 f.) und ist die leibliche Tochter von »Wolf [v]on Filnek« (V. 2976 f.) und einer »Stauffin« (V. 3098), nämlich der Schwester von »Conrad von Stauffen« (V. 3100), wie der Klosterbruder berichtete und wie aus dem »Büchelchen« (V. 3102) hervorgeht. Recha und der Tempelherr sind also leibliche Geschwister, zudem mit Saladin und Sittah verwandt. Alle Hauptfiguren – Saladin, der Tempelherr und Recha – sind miteinander verwandt; nicht blutsverwandt, doch geistesverwandt mit diesen ist Nathan, der Weise. Zweitrangig erscheinen demgegenüber die Unterschiede der Nationen und Konfessionen.

Aufklärung der verwandtschaftlichen Beziehungen

3. Figuren

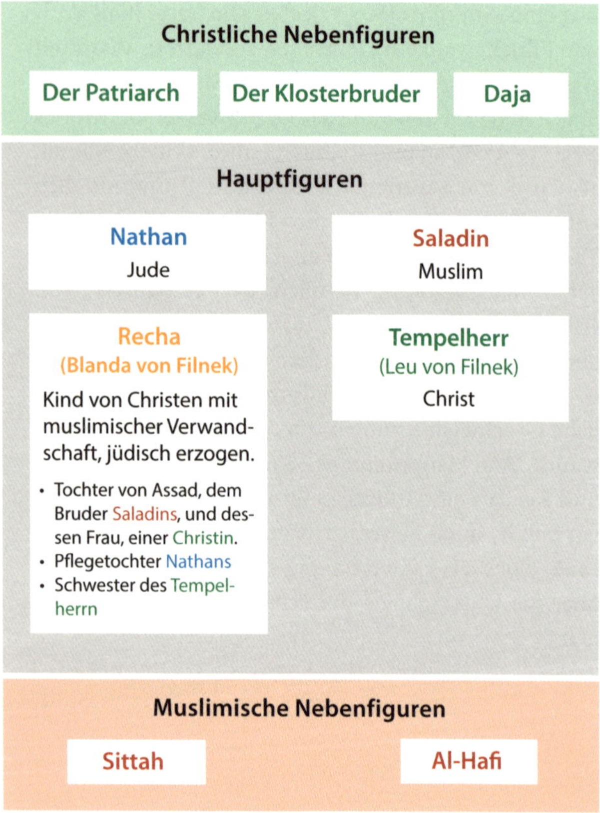

Abb. 1: Die Figurenkonstellation
Die Hauptfiguren finden sich zu einem Länder und Konfessionen übergreifenden Familienverband; blau = Jude, rot = Muslim, grün = Christ

Das Verzeichnis der »Personen«

Es entspricht den Regeln der zur Zeit Lessings gültigen Poetik, dass Saladin, der Sultan von Syrien und Ägypten, als Erster genannt wird, obwohl er nicht die Hauptfigur des Dramas ist. Entsprechend der sogenannten Ständeklausel gebührt dem Herrscher Saladin und seinem Haus, hier vertreten durch Sittah, seine Schwester, der erste Rang im Personenverzeichnis. Sultan Saladin ist eine historische Person: Zusammen mit dem Hinweis »Die Szene ist in Jerusalem« kann man den geschichtlichen Hintergrund des Dramas erschließen.

■ Die Ständeklausel

Unter der Herrschaft von Sultan Saladin ist das Miteinanderleben unterschiedlicher Bevölkerungsgruppen mit unterschiedlichen Konfessionen offensichtlich möglich. Zum Haus des Juden Nathan gehören er selbst, dann Recha, seine »angenommene Tochter«, und Daja, die Gesellschafterin Rechas, eine Christin. Verwunderlich erscheint, dass trotz muslimischer Oberhoheit ein christlicher Bischof in der Sonderstellung eines Patriarchen eine Rolle spielen kann. Er ist der ranghöchste Christ. Zu der Gruppe der Christen gehören weiter Daja, der Tempelherr und der Klosterbruder.

■ Die Konfessionen

Während die Spitzenstellung des Herrschers gemäß der angesprochenen Ständeklausel unbestritten ist, verwundert es, dass dem reichen Juden Nathan der Vorrang vor dem Patriarchen, dem geistlichen Fürsten in Jerusalem, gegeben wird. Offensichtlich schätzt der Autor den Bürgerstand Nathans höher als den geistlichen Stand, zu dem in Abstufungen Bischof, Tempelherr und Klosterbruder gehören.

Daraus darf geschlossen werden, dass das Drama, obwohl es auf historisch gesicherten Fundamenten gebaut ist, kein Geschichtsdrama ist. Zur Diskussion stehen auch die Rechte und Pflichten der einzelnen Stände. Seitdem in der frühen Neuzeit das Bürgertum als Dritter Stand seine Rechte neben Adel und Geistlichkeit beansprucht, ist der Ständestaat problematisch geworden.

Die Standesvertreter

In Saladin, dem Alleinherrscher, im Patriarchen, dem Kirchenfürsten, und in Nathan, dem reichen Juden, dürfen also drei Standesvertreter gesehen werden, durch welche die Gesellschaftsordnung gespiegelt wird, die zur Zeit Lessings noch vorherrschte. Das Verhältnis von Herrscher und Untertan, von Herr und Knecht, von Autorität und Menge ist in der Epoche der Aufklärung Gegenstand intensiver Diskussion.

Die Hauptfiguren

Hauptperson und Titelfigur des Dramas ist **Nathan**. Bei ihm laufen die Handlungsstränge zusammen, er verknüpft die einzelnen Fäden zu einem Ganzen.

Nathan wird zunächst als Kaufmann vorgestellt, der seinen Wohnsitz in Jerusalem hat und von dort seinen Geschäften nachgeht. Er kommt von einer erfolgreichen Geschäftsreise zurück, hat Schulden eingetrieben und bringt Waren und Geld mit. Das Volk hat sich seine Meinung gebildet; im Sultanspalast weiß man:

> »Den Reichen nennt es ihn
> Itzt mehr als je. Die ganze Stadt erschallt,
> Was er für Kostbarkeiten, was für Schätze,
> Er mitgebracht.« (V. 1049–52)

Der erfolgreiche Kaufmann prüft sehr sorgfältig, wo er sein Geld einsetzt, und ist keineswegs bereit, die leere Staatskasse zu füllen, nur weil sein Freund Al-Hafi Schatzmeister des Sultans geworden ist. Dagegen leiht er dem Sultan bereitwillig Geld, sobald er ihm Vertrauen schenken kann.

Nathan ist in Geldsachen bedächtig, aber nicht geizig. Im Gegenteil: Seine »Güte« (V. 38), seine »Großmut« (V. 55), seine Bereitschaft zu »schenken« (V. 52) werden ausdrücklich herausgestellt, damit kein falsches Vorurteil entstehen kann. Bürgerliche Tüchtigkeit und »Tugend« (V. 36) sind in der Person Nathans eine Einheit eingegangen.

Ganz selbstverständlich spricht Nathan von »meine[r] Recha« (V. 21, 29) und redet sie mit »Mein Kind! mein liebes Kind!« (V. 178) an, während der Leser und Zuschauer aus dem Personenverzeichnis weiß, dass Recha eine »angenommene Tochter« ist. Doch Nathan füllt die Vaterrolle so überzeugend aus, wie es kein leiblicher Vater besser könnte. Er ist vorbildlicher Beschützer, Erzieher und Anwalt seiner Tochter.

Ihm ist bewusst, dass er in der Gesellschaft einen schweren Stand hat: »Doch bin ich nur ein Jude.« (V. 56) Nicht nur für Daja ist das Jude-Sein ein entscheidender Makel Nathans. Auch der Tempelherr und Saladin sehen in Nathan zuerst den Juden, der im Allgemeinen zu meiden ist. Der christliche Patriarch hält einen Juden, der ein »Christenkind [...] als Jüdin / Erzogen« (V. 2504 ff.) hat, sogar für einen Frevler, der auf »den Scheiterhaufen« (V. 2537) gehört. Niemand von denen, die von dem Vorurteil gegenüber Juden besetzt sind, kennt die wahre Lebens- und Glaubensgeschichte Nathans.

Nathan und seine Familie sind achtzehn Jahre zuvor Opfer eines Anschlags von Christen gewesen. Damals hatte sich seine »Frau / Mit sieben hoffnungsvollen Söhnen« (V. 3041 f.) in das Haus von Nathans Bruder geflüchtet, wo dann alle haben »verbrennen müssen« (V. 3045). Wie Hiob im Alten Testament hat Nathan »in Asch' / Und Staub vor Gott gelegen, und geweint.« (V. 3046 f.) Er hat vorübergehend »mit Gott [...] gerechtet [...] und die Welt verwünscht« (V. 3048 f.). Doch dann »kam die Vernunft allmählig wieder. Sie sprach [...]: Und doch ist Gott!« (V. 3052 f.) Der Schicksalsschlag hat Nathan nicht verzweifeln, sondern hat ihn einen neuen Glauben finden lassen.

Dieser neue Glaube ist auf Vernunft gegründet. Die menschliche Vernunft sagt, dass es Gott gibt, dass Gott die Geschicke der Welt lenkt, dass es eine Vorsehung – eine »Vorsicht« (V. 3077) – gibt, dass der Mensch sich »Gottes Ratschluss« (V. 3054) fügen sollte, auch wenn er ihm schwer verständlich ist, und dass es der »Tat« (V. 3071) des Einzelnen bedarf, wenn diese Erde entsprechend den Vorstellungen Gottes vollendet werden soll.

Diesem Glaubensbekenntnis folgend, hat Nathan nach dem erlittenen Schicksalsschlag einen neuen Lebensabschnitt begonnen und als erste Tat Recha, die verwaiste Tochter christlicher Herkunft, an Kindes statt angenommen. Nathan ist weiterhin Jude – der Herkunft nach; er hat sich zugleich vom orthodoxen Judentum gelöst und ein Konzept entwickelt, nach dem Glaube und Vernunft, Vorsehung und menschliche Tugend Einklang finden.

Dass Nathan diese Weltanschauung beispielhaft vorlebt, zur Grundlage von Rechas Erziehung macht und sie erläutert, wo sich die Gelegenheit ergibt, macht ihn zum »weisen Nathan« (V. 1799). Damit wird er in eine Position gehoben, durch die er alle anderen Figuren des Dramas überragt.

Vom Autor ist er als vorbildliche Figur angelegt; beim Leser und Zuschauer erlangt er die höchste Sympathie. Er bekennt sich als gläubigen Juden, verhält sich jedoch kritisch zu dem Anspruch der Judengemeinschaft, Gottes auserwähltes Volk zu sein. Nathan ist anderen Religionen gegenüber tolerant, sucht das kritische aufklärerische Gespräch, vermeidet jede Art von Indoktrination. Er selbst hat Glaubenskrisen durchgemacht, die ihn und seinen Glauben verändert haben. Es ist verständlich, dass derjenige, der nach Wahrheit sucht, bei Nathan anfragt.

Saladin. Der Palast des Sultans ist der Mittelpunkt der politischen Macht in Jerusalem. Hier gibt Al-Hafi, der Schatzmeister, Rechenschaft von seinem Tun; hierhin werden nacheinander Nathan, der Tempelherr und Recha bestellt; hier spielt die große Schluss-Szene, von der eine neue Epoche der Weltgeschichte ausgehen soll.

Sultan Saladin wird von Sorgen unterschiedlicher Art geplagt. Die Gegner, also die Tempelherren, haben »des Waffenstillstandes Ablauf kaum / Erwarten können« (V. 899 f.); sie haben vertragswidrig einen Angriff bei »Tebnin« (V. 573) unternommen, bei dem einige Tempelritter gefangen genommen wurden. Die Tempelherren hintertreiben eine Heirat zwischen Saladins Bruder Melek und »Richards Schwester« (V. 893), die nicht nur symbolisch zu einem politischen Ausgleich hätte führen können. Saladin steckt außerdem in Geldschwierigkeiten; er wartet auf Tributzahlungen aus Ägypten und weiß, dass auch den Vater »auf Libanon […] Sorgen« (V. 906) drücken, weil die Kriegskasse leer ist.

Zwei politische Entscheidungen sind in der unmittelbaren Vergangenheit getroffen worden. Zum einen hat Saladin Al-Hafi, einen Derwisch, also einen Bettelmönch, zum »Schatzmeister« (V. 401) gemacht, was nicht nur Nathan verwundert. Zum Zweiten hat er die gefangen genommenen Tempelritter hinrichten lassen, einen von ihnen allerdings begnadigt, was einem Wunder gleichkommt.

Saladin erfüllt die Pflichten, die das Amt mit sich

bringt, doch erstickt er nicht in den Tagesaufgaben. Mit seiner Schwester spielt er täglich Schach, wie es scheint, und er zahlt ihr einen Preis, wenn sie gewinnt, auch wenn das Geld knapp ist. Mit der Schwester bespricht er politische Probleme und lässt sich von ihr raten, den Juden Nathan vorzuladen und einen »Anschlag« (V. 1144) auf sein Geld zu unternehmen.

Die Begegnung mit Nathan wird dann zum Schlüsselerlebnis für Saladin. Die Frage nach der »Wahrheit« (V. 1867), die als Fangfrage gedacht war, wird auslösendes Moment einer Bewusstseinswandlung. In dem Augenblick, in dem er das »Märchen« (V. 1890) von den drei Ringen versteht, erkennt er, dass die hier dargelegten Grundsätze als Fundament einer besseren Weltordnung taugen könnten, und ihm wird bewusst, dass er einige der Leitlinien schon befolgt hat, ohne das zu durchschauen.

Sultan Saladin hat auch bisher schon den Titel »Verbesserer der Welt und des Gesetzes« (V. 1902) geführt. Ansatzweise wurde er dem Titel bereits dadurch gerecht, dass er durch äußerste Freigebigkeit versuchte, die Bettler »mit Stumpf und Stiel […] zu vertilgen« (V. 407). Seine Bemühungen, einen Frieden herzustellen, und die Begnadigung des Tempelherrn sind weitere anerkennenswerte »gute Taten« (V. 2106). Indem er nun Freundschaft mit dem Juden Nathan schließt, überwindet er nicht nur alle Vorurteile, sondern bildet mit diesem eine Glaubensgemeinschaft, die die Grenzen der eigenen Religion überwindet, ohne doch die eigene Religion aufzugeben. Zusammen mit Nathan wird er den Tempelherrn auf den rechten Weg bringen und Recha vor ihren Verfolgern beschützen.

Der junge Tempelherr gehört einem der geistlichen Ritterorden an, die im Verlauf der Kreuzzugsbewegung in Europa gegründet wurden. Ihre ursprüngliche Aufgabe war, Pilger vor den Überfällen der Sarazenen zu schützen. Sehr bald griffen sie auch ins Kampfgeschehen ein und übernahmen Machtpositionen. Wie in anderen Orden üblich legten die Mitglieder ein Gelübde zu Armut, Keuschheit und Gehorsam ab. Gleichzeitig waren sie dem Ideal des christlichen Ritters verpflichtet. Seinen Namen leitet der Orden der Tempelherrn von dem Versammlungsort in Jerusalem her, der in der Nähe des alten Salomonischen Tempels lag.

Als Mitglied seines Ordens ist der junge Tempelherr zur Truppenverstärkung ins Heilige Land gekommen. Er war an den Kampfhandlungen in Tebnin beteiligt, durch die der Waffenstillstand gebrochen wurde. Als Gefangener wurde er dem Sultan vorgeführt, der ihn zur allgemeinen Überraschung begnadigte. Bei einem Gang durch die Stadt nahm er den Brand in Nathans Haus wahr und rettete Recha, die Tochter Nathans, aus den Flammen. Weiteren Kontakt zu Daja und Recha vermied er; auch vor Nathan, dem gegenüber er das bei Christen übliche Vorurteil gegen Juden hat, spielt er die Motive seiner Tat herunter:

Die Rettungstat

»Es ist der Tempelherren Pflicht, dem Ersten
Dem Besten beizuspringen, dessen Not
Sie sehn.« (V. 1213 ff.)

Als auferlegte, nicht als frei und eigenständig getroffene Entscheidung stellt er seine Tat hin, für die er folglich keinen Dank beanspruchen könne. Im gleichen Atemzug, d. h. im nächsten Satz, gibt er eine zusätzliche Erklärung: »Mein Leben war mir ohnedem / In diesem Augenblicke lästig.« (V. 1215 f.)

Das Gespräch mit Nathan leitet auch bei ihm eine grundlegende Wandlung ein. Nathan fragt provozierend: »Sind Christ und Jude eher Christ und Jude, / Als Mensch?« (V. 1310 f.) Nathan ist überzeugt, »dass alle Länder gute Menschen tragen.« (V. 1274) Damit ist der Widerstand des Tempelherrn gebrochen und spontan geht er auf Nathan zu: »Wir müssen, müssen Freunde werden.« (V. 1319) Nun ist der Tempelherr auch bereit, das Haus des Juden Nathan zu betreten.

Dort hat nun auch Recha Gelegenheit, ihrem Retter zu danken. In Rede und Gegenrede erkennen sie ihre gegenseitige Sympathie, und bald muss der Tempelherr feststellen, dass er, der Christ, das Judenmädchen liebt. Er merkt, dass er sich damit von seinem Orden abwendet, und rechtfertigt sich damit, dass er seit der Gefangennahme als »Tempelherr […] tot« (V. 2135 f.) sei, dass »der Kopf, den Saladin mir schenkte, […] ein neuer« (V. 2138 f.) sei, der vergessen dürfe, was dem alten »eingeplaudert ward« (V. 2140), dass er folglich ein neues Leben beginnen dürfe. Er, der »in

Liebe zu Recha

dem gelobten Lande [...] / der Vorurteile mehr schon abgelegt« (V. 2132 ff.) hat, will nicht mehr den Ordensregeln folgen, sondern der Stimme der »Natur« (V. 2181).

Während Daja alles tut, eine Heirat zwischen Recha und dem Tempelherrn zu forcieren, bittet Nathan um Bedenkzeit. Sofort entsteht bei dem Tempelherrn Misstrauen; alte Vorurteile werden wach; der verliebte Tempelherr sucht Wege, Recha auch gegen den Willen des Vaters für sich zu ertrotzen. Von Saladin zu einer besseren Einsicht gebracht, söhnt er sich mit Nathan aus, bittet vier Mal intensiv um die Hand Rechas – »gebt sie mir!« (V. 3424, 3427, 3444 f., 3445) –, ohne ihre Lebensgeschichte untersuchen zu wollen:

> »Sie sei
> Nun Eure Tochter, oder sei es nicht!
> Sei Christin, oder Jüdin, oder keines!
> Gleichviel! gleichviel!« (V. 3427–30)

Obwohl er diesen beispielhaften Beweis einer von Vorurteilen freien Liebe liefert, zögert Nathan immer noch; denn Nathan weiß inzwischen genauer, wer dieser Tempelherr ist.

Schon früher hat sich angekündigt, dass der Tempelherr eine bemerkenswerte Lebensgeschichte vorzuweisen hat. Saladin hatte ihn begnadigt, »weil er seiner Brüder einem, / Den er besonders lieb gehabt, so ähnlich sehe.« (V. 249 f.) Nathan stutzt, als er des Tempelherrn Namen – »Curd von Stauffen« (V. 1374) – zum ersten Mal hört. Die Namen »Filnek und Stauffen« (V. 1399) wecken Erinnerungen an frühere Bekannte. Beide Spuren müssen zurückverfolgt werden. Dabei bestätigt sich, dass der Tempelherr tatsächlich der Sohn Assads, also der Neffe Saladins und Sittahs ist. Assad hatte als Wolf von Filnek mit einer »Stauffin« (V. 3098) zwei Kinder, nämlich Blanda von Filnek, die als Recha im Hause Nathans lebt, und Leu von Filnek, den jungen Tempelherrn. Dieser wurde von Curd von Stauffen, dem Bruder der Mutter, an Kindes statt angenommen und behielt dessen Namen, als er ins Heilige Land zog. So sind des Sultans Vermutungen richtig, dass der Tempelherr mit Assad leiblich und geistig verwandt sei. Nathan erkennt die Wesensverwandtschaft zwischen dem Ziehvater, seinem Freund Curd von Stauffen, und dem Pflegesohn, der nun im Heiligen Land Recha, seine leibliche Schwester, trifft.

■ Herkunft des Tempelherrn

Eine Eheschließung verbietet sich nun. Stattdessen finden sich der Tempelherr und Recha in einem großen, die Länder und Konfessionen übergreifenden Familienverband, der nicht nur durch verwandtschaftliche Beziehungen, sondern auch durch gleiche Grundüberzeugungen verbunden ist.

Recha ist, wie sich am Ende herausstellt, die leibliche Tochter Assads, des Bruders von Saladin, der mit einer Christin, einer »Stauffin« (V. 3098), vermählt war und im Krieg fiel. Die Mutter starb bei der Geburt Rechas. Ein Reitknecht wusste sich keinen anderen Rat, als das Kind Nathan, dem Juden, zu übergeben,

■ Herkunft Rechas

der gerade seine eigene Familie verloren hatte. So wurde Nathan zum Pflegevater Rechas, und Recha, das Christenkind mit muslimischer Verwandtschaft im Hintergrund, wurde im Haus des Juden erzogen und zunächst von einer »Amme« (V. 3659), dann von Daja, der Christin, versorgt. Ihren richtigen Namen – »Blanda [v]on Filnek« (V. 3806 f.) – und ihre wahre Herkunft erfährt sie erst spät.

Recha sieht in Nathan ihren wahren Vater. Als sie von Sittah, Saladins Schwester, bestaunt wird – »So jung! so klug! so fromm!« (V. 3525) –, lenkt sie dieses Lob einzig auf ihren Vater, von dem sie bis in Einzelheiten weiß, »wie? wo? warum? er mich's gelehrt.« (V. 3539) Er war es, wie sie an andrer Stelle sagt, der ihr »den Samen der Vernunft [...] so rein in [ihre] Seele streute« (V. 1564 f.). Er riet ihr zudem, auf das »Herz« (V. 1167) zu hören und der »Natur« (V. 1165) zu vertrauen, wenn in ihrer »Seele / Ganz etwas anders noch sich rege« (V. 1161 f.). So steht sie fest in der »Lehre, dass Ergebenheit / In Gott von unserm Wähnen über Gott / So ganz und gar nicht abhängt.« (V. 1590 ff.)

■ Ihr Glaube

Obwohl Recha fest in dem Glauben ihres Vaters steht, ist sie vor fremden Einflüssen nicht ganz sicher. Daja, die Christin, möchte sie von ihrem Wunderglauben überzeugen, und fast wäre auch Recha zur Schwärmerin geworden. Nathan hat einige Kraft aufzuwenden, um Recha zu »belehren« (V. 277) und ihr klarzumachen, dass solche Aufklärung »Arznei, nicht Gift« (V. 355) ist, dass »andächtig schwärmen leichter, als / Gut handeln ist« (V. 360 f.).

Obwohl Recha die Anschauungen Dajas für falsch und gefährlich hält, weiß sie doch anzuerkennen, was sie Daja verdankt. Wie eine »Mutter« (V. 3581) hat Daja sie »gepflegt« (V. 3581) und ihr »so viel Gutes [...] / Erwiesen« (V. 3576 f.), allerdings auch »so viel Böses« (V. 3576), indem sie sie auf den ihrer Ansicht nach »einzig wahren Weg / Nach Gott« (V. 3588 f.) zwingen möchte. Dieses Ziel vor Augen ist die »gute böse Daja« (V. 3572) bereit, alle Anstrengungen zu unternehmen.

Doch Recha hat ein sicheres Gespür für das, was mit ihr geschieht. Sie sucht Hilfe bei Sittah und Saladin; sie kämpft um den Vater, auch wenn es nicht ihr leiblicher ist. Auf ihn setzt sie sogar mehr als auf den Tempelherrn, für den ihr Herz eine Zeit lang schlug, der ihr auch, wie sie spürt, »ewig wert« (V. 1719) sein wird, dessen Anblick sie aber nicht mehr in »neues Fieber« (V. 1729) versetzt. Es scheint, als ob sie schon spüre, dass sie dem Tempelherrn nicht ehelich verbunden werden könne, da sie ihm schon lange geschwisterlich verbunden ist.

Die Nebenfiguren

Den Nebenfiguren eines Dramas kommt im Allgemeinen die Aufgabe zu, die Handlung in Gang zu halten und Gespräche möglich zu machen. In dieser Funktion treten in Lessings Drama *Nathan der Weise* Emir Mansor und die Mamelucken im fünften Aufzug auf. Es erübrigt sich, sie näher zu charakterisieren.

Einen höheren Bedeutungsgrad haben die übrigen Nebenfiguren. Sie sind den Hauptfiguren in besonderer Weise zugeordnet. Indem man Übereinstimmungen und Unterschiede zwischen den Hauptfiguren und den ihnen zugeordneten Nebenfiguren herausarbeitet, erfasst man jede der Figuren und darüber hinaus die Gesamtintention des Textes besser.

Wie die Hauptfiguren sind auch die Nebenfiguren durch ihre jeweilige Konfession charakterisiert. Alle sind als Gläubige anzusehen; unterschiedlich ist ihr Verhältnis zu ihren Religionen, zu den Glaubensgemeinschaften, zu den Glaubenssätzen und zu den Lehrinstanzen.

Vertreter des Judentums

Nathan, die Hauptfigur des Dramas, wird im Personenverzeichnis als Jude angekündigt, stellt sich im Drama auch als »Jude« (V. 56) vor, ist aber keineswegs der »Stockjude« (V. 1885), den man erwartet hat. Zu Glaubensbrüdern oder zu einer Glaubensgemeinschaft scheint er keinen Kontakt zu haben. Es gibt keine jüdisch ausgeprägte Nebenperson im Drama.

Vertreter des Islam

Sittah, des Sultans Schwester, ist eine kluge und gebildete Person. Sie hat Überblick über die politische und finanzielle Situation ihres Bruders und ist in der

Lage, Ratschläge zu geben und helfend einzuspringen. Sie gibt keine Zeichen, ob und wie sie ihren Glauben praktiziert.

Al-Hafi ist als Derwisch Mitglied eines mohammedanischen Bettelordens, wie sie sich seit dem 8. Jahrhundert in Vorderasien entwickelten. Derwische lebten zum Teil in Klöstern, zum Teil als Wandermönche, die um milde Gaben bettelten. Vom politischen Leben hielten sie sich fern. Al-Hafi als Schatzmeister des Sultans ist als personifizierte Ironie des Amtes anzusehen. Er fühlt sich entsprechend unwohl in der Rolle, flieht, sobald er kann, aus der Verantwortung und strebt in die Ferne. Nathan gegenüber erklärt er:

> »Am Ganges nur gibt's Menschen. Hier seid Ihr
> Der Einzige, der noch so würdig wäre,
> Dass er am Ganges lebte. – Wollt Ihr mit?« (V. 1492 ff.)

Dass er sich der gegebenen Gesellschaft entzieht, ist ebenso charakteristisch wie die Tatsache, dass er vor allen andern den Juden Nathan für würdig hält, in die Gemeinschaft wahrer Menschen aufgenommen zu werden.

Vertreter des Christentums

Daja ist als Ehefrau eines Soldaten »in Kaiser Friedrichs Heere« (V. 758) nach Palästina gekommen. Ihr Mann ist zusammen mit Kaiser Barbarossa im Fluss Saleph ertrunken; sie hat, obwohl Christin, eine Stelle als Gesellschafterin Rechas im Haus des Juden Nathan angenommen.

Sie weiß sich Nathan verpflichtet, der sie schätzt und reich beschenkt; und sie kümmert sich liebevoll um Recha. Hauptsächlich definiert sie sich aber als Christin, die von der allein seligmachenden Kraft ihres Glaubens überzeugt ist. Daher plagt sie ihr Gewissen, dass sie Recha, von der sie weiß, dass sie christlich getauft wurde, nach Anweisung Nathans als »Judenmädchen zu erziehn« (V. 756) hat.

Insgeheim versucht sie ihren Auftrag zu unterlaufen und Recha in die Gedankenwelt der Christen einzuführen, indem sie die Rettung Rechas als »Wunder« (V. 78), als von einem »Engel« (V. 145) vollbracht, erklärt. Eine Heirat Rechas mit dem Tempelherrn würde sie sehr begrüßen. Sie würde akzeptieren, dass der Tempelherr seine Gelübde brechen müsste, wenn nur Recha für das Christentum gerettet würde.

Daja ist eine gutmütige, liebevolle, aber bornierte Frau. Sie ist naiv, unkritisch und unbelehrbar. Sie meint es gut, handelt aber verwerflich. Recha fasst die Charakterisierung in einem Oxymoron zusammen, wenn sie ihre Gesellschafterin als die »gute böse Daja« (V. 3572) beschreibt.

Auch der **Klosterbruder** ist vor mehr als achtzehn Jahren als »Reitknecht« (V. 2971) nach Palästina gekommen. Er hat einst das verwaiste Töchterchen seines Herrn, nämlich Recha, Nathan übergeben, um es vor dem Tod zu retten.

Ihm war bewusst, aber gleichgültig, dass er das Kind einem Juden übergab; denn, wie er sagt, »Kinder brauchen Liebe, [...] mehr, als Christentum.« (V. 3013 ff.) Und da »das ganze Christentum / Aufs Judentum gebaut« (V. 3020 f.) ist, kann er dem Konfessionsstreit ohnehin nicht so viel Gewicht beimessen.

So wird auch verständlich, dass er sich aus dem öffentlichen Leben zurückgezogen hat und eine Einsiedelei bezog, aus der er durch »arabisch Raubgesindel« (V. 2937) verschleppt wurde. Er sucht nun durch Vermittlung »ein ander Plätzchen [...], / Allwo ich meinem Gott in Einsamkeit / Bis an mein selig Ende dienen könne.« (V. 2941 ff.) Der Patriarch spannt jedoch zwischenzeitlich den Klosterbruder in Dienste ein, die diesem in keiner Weise gefallen.

Einerseits weiß der Klosterbruder, dass es zu seinem Stand gehört zu »gehorchen [...] ohne viel zu klügeln« (V. 559 f.). Andererseits distanziert er sich inhaltlich von den Aufträgen, die er formal korrekt erfüllt. So richtet er dem Tempelherrn die Aufträge des Patriarchen aus, die darin gipfeln, dem Sultan »den Garaus [...] zu machen« (V. 671). Später hat er Nathan zu überwachen und auszuspionieren, ob der »Jude [...] / Ein Christenkind als seine Tochter sich / Erzöge« (V. 2956 ff.). In beiden Fällen signalisiert er den Betroffenen, dass er eher auf ihrer Seite als auf der Seite des Auftraggebers steht.

Der Klosterbruder ist ein grundehrlicher, etwas einfältiger Mensch, der ein natürliches Empfinden hat, aber den offenen Konflikt mit den Autoritäten scheut. Er dürfte als Einsiedler am Berge Tabor ähnlich in sich zufrieden leben wie der Derwisch am Ganges. Beide Figuren haben vergleichbare Züge und vergleichbare – komische – Funktionen im Drama.

Der Patriarch von Jerusalem ist die höchste christliche Instanz, die das Drama vorstellt, und zugleich die Person, die sich die größte Verachtung zuzieht. In einer einzigen Szene (IV,2) tritt der Kirchenfürst persönlich auf, über sein Denken und Handeln hat der Klosterbruder aber schon vorher einiges mitgeteilt.

Majestätisch – »*mit allem geistlichen Pomp*« (nach V. 2453) – erscheint der Würdenträger, behandelt die Versammelten von oben herab und redet den Tempelherrn wie einen kleinen Jungen an. Der Bitte des Tempelherrn um einen »Rat« (V. 2474) kommt er gern nach – allerdings mit der Auflage, dass dieser »anzunehmen« (V. 2475) sei, dass er nicht kritisch geprüft, nicht als Vorschlag erörtert werde. Der angebliche Rat ist vielmehr als die unbedingte Anweisung einer höchsten Autorität anzusehen, also kein Rat, sondern ein Befehl.

Autoritäres Verhalten

Autoritär, machtbewusst, durchsetzungswillig ist dieser Geistliche, der am liebsten die gesamte Judikative an sich ziehen möchte, um, auf »päpstliches /

Und kaiserliches Recht« (V. 2532 f.) gestützt, »Strafe zu vollziehn« (V. 2532), wenn er einem »Frevel« (V. 2533) oder einer »Lastertat« (V. 2534) auf die Spur kommt. Ein christlich getauftes Kind in einem jüdisch orientierten Haus aufzuziehen ist für ihn »Apostasie« (V. 2537), also Verführung zur öffentlichen Lossagung vom rechten Glauben und daher strafbar.

Dass er allerdings gleich die Todesstrafe ins Auge fasst – »Tut nichts! Der Jude wird verbrannt« (V. 2553) –, macht ihn lächerlich. Spätestens an dieser Stelle muss der Zuschauer oder Leser merken, dass die hier vorgestellte Figur eine Karikatur, dass die Szene eine Satire ist.

Verweigerung des Diskurses

Bloßgestellt wird der Patriarch in seinem Diskussionsverhalten. Er erwartet nicht nur, dass man ihm »blindlings« (V. 2476) folgt, sondern auch, dass man die »Vernunft« (V. 2477) ausschaltet, wo angeblich »Gott« (V. 2480) »auf irgendeine ganz besondre Weise« (V. 2485) zu den Menschen spricht. Wann das der Fall ist, entscheidet offensichtlich die Kirche. Nach diesen Vorbemerkungen wird das eigentliche Gespräch eröffnet. Der Tempelherr trägt sein Problem vor: Wie ist mit einem Juden zu verfahren, der »ein Christenkind« »zu allem Guten auferzogen«, aber »als Jüdin / Erzogen« (V. 2497–2506) habe? Dem Patriarchen ist nicht an dem Problem, sondern an dem Fall gelegen. Er möchte nicht erörtern, ob das gut oder schlecht, gerecht oder ungerecht, für das Kind nützlich ist oder nicht. Für ihn steht das Urteil fest, sofern »der Fall ein Faktum« (V. 2527) ist; dann nämlich sollte der Jude verbrannt werden. An einer vorurteilslosen, von allen Geltungsansprüchen freien Diskussion ist er nicht interessiert: Falls es nur um »eine Hypothes'« (V. 2511) geht, »verlohnt es sich / Der Mühe nicht« (V. 2520 f.), einen Diskurs als »Spiel des Witzes« (V. 2520) zu führen. Damit widersetzt sich der Patriarch grundsätzlich der in der Aufklärung entdeckten Methode der Wahrheitsfindung.

Die Bedeutung des Glaubens

Nicht auf Vernunft und Diskursfähigkeit hat der Mensch nach der Vorstellung des Patriarchen zu bauen, sondern auf Glauben. Für ihn ist es eine unerträgliche Vorstellung, »ein Kind ohn allen Glauben« (V. 2561) erwachsen werden zu lassen. Dabei denkt er nicht nur an die verpasste ewige Seligkeit, sondern auch an die Folgen für den Staat: »Alle bürgerliche Bande / Sind aufgelöset, sind zerrissen, wenn / Der Mensch nichts glauben darf.« (V. 2580 ff.) Der Patriarch baut auf die enge Verbindung von Staat und Kirche. Er glaubt sich beim Sultan Hilfe holen zu können, um den Juden, von dem die Rede war, aufzuspüren und zu bestrafen.

Fundamentalismus

In seinem Denken und Handeln stellt der Patriarch das Gegenbild zu Nathan, dem Weisen und Toleranten, dar. Der Patriarch ist auf Indoktrination aus, hält einen »Sermon« (V. 2584) und erstickt im Keim eine offene und kritische Diskussion. Er ist orthodox, insofern er starren Lehrsätzen absolute Gültigkeit zuerkennt, und Fundamentalist, insofern er rigoros und voll »Eifer« (V. 2592) nach diesen Lehrsätzen Todesurteile auszusprechen bereit ist.

Vorlage und aktueller Bezug

Für seinen Patriarchen fand Lessing in den Quellen eine Vorlage in der Gestalt des Patriarchen Heraklius, der alles andere als ein vorbildlicher Geistlicher war. Für Lessings Zeitgenossen war jedoch deutlich, dass der Autor mit der Figur des Patriarchen indirekt den Hamburger Hauptpastor Goeze angriff, seinen Hauptkontrahenten im sogenannten Fragmentenstreit (vgl. S. 57–61, 104). Lessing deckt dessen Vorstellung von Glaube, Vernunft, Kritik und Diskurs auf und lenkt den Blick auf die enge Verbindung von Kirche und Staat in seiner Zeit. In dem Patriarchen ist die Position verkörpert, die den genauen Gegensatz der Vorstellungen enthält, die Lessing von Religion, Kirche, Staat und Politik hat.

Goeze hatte erreicht, dass sich Lessing »in Religionssachen […] ohne vorherige Genehmigung des Fürstlichen Geheimen Ministeriums«[5] nicht mehr äußern durfte. Nun lässt Lessing seinen Patriarchen dem Tempelherrn gegenüber sagen:

»[…] ist der vorgetragne Fall nur so
Ein Spiel des Witzes: so verlohnt es sich
Der Mühe nicht, im Ernst ihn durchzudenken.
Ich will den Herrn damit auf das Theater
Verwiesen haben« (V. 2519–23)

Goeze steht nun selbst zur Diskussion. Das Theaterpublikum wird wenig Pro und viel Contra an ihm entdecken.

5 Zitiert nach: *Lessings Leben und Werke in Daten und Bildern*, hrsg. von Kurt Wölfel, Frankfurt a. M. 1967, S. 161.

4. Form und literarische Technik

Handlungsstränge	Erster Aufzug	Zweiter Aufzug	Dritter Aufzug	Vierter Aufzug	Fünfter Aufzug
Finanzielle Ebene	• Informationen zur Finanzlage des Sultans	• Die Situation am Hof Saladins: Politik und Geld, Meinungen über Nathan	• Der geplante »Anschlag« (V. 1144) auf Nathan	• Eintreffen der Gelder aus Ägypten bei Saladin	• Beseitigung von Saladins Geldnot
Persönliche Ebene	• Reaktionen auf die Rettung Rechas durch den Tempelherrn: • Deutung Dajas • Nathans Aufklärung	• Begegnung von Nathan und dem Tempelherrn • Dajas Sorgen	• Begegnung von Recha und dem Tempelherrn • Recha und der Tempelherr: • Das Werben des Tempelherrn • Bedenken Nathans • Dajas Hoffnung Die Frage nach der wahren Religion: • Die Ring-Parabel	• Erkundungen des Tempelherrn über Recha und Nathan • Hinweise zur Vergangenheit Rechas, Nathans und des Klosterbruders	• Aussprache zwischen Nathan und Tempelherrn • Aufklärung über die Lebensgeschichte Rechas und des Tempelherrn • Erkennen der Geistes- und Blutsverwandtschaft
Rückgriffe auf die Vorgeschichte	• Begnadigung des Tempelherrn (I,1) • Rettung Rechas (I,1) • Hinweise auf Rechas Lebensgeschichte (I,1) • Hinweis auf Saladins Bruder (I,2) • Dajas Lebensgeschichte (I,6)	• Hinweise auf die Eltern Rechas und des Tempelherrn (II,7)	• Hinweise auf den Vater des Tempelherrn (III,9) • Teile von Rechas Lebensgeschichte (III,10)	• Hinweise auf Assad, den Bruder Saladins und Sittahs. (IV,3) • Nathans Familien- und Glaubensgeschichte (IV,7) • Teile von Rechas Lebensgeschichte (IV,7)	

Abb. 2: Die Struktur des Dramas

Lessing veröffentlichte sein Werk *Nathan der Weise* unter der Gattungsbezeichnung »Dramatisches Gedicht in fünf Aufzügen«. Damit ordnete er es eindeutig dem literarischen Bereich zu. Er wollte sein Stück als Dichtung verstanden wissen. Deshalb verlegte er das Geschehen an einen fremden Schauplatz und in eine längst vergangene Zeit. Dabei hatte er keineswegs die Absicht, ein historisches Drama zu verfassen. Er selbst schreibt:

■ Dramatisches Gedicht

> »In dem Historischen was in dem Stücke zu Grunde liegt, habe ich mich über alle Chronologie hinweg gesetzt; ich habe sogar mit den einzeln Namen nach meinem Gefallen geschaltet. Meine Anspielungen auf wirkliche Begebenheiten, sollen bloß den Gang meines Stücks motivieren.«[6]

Sein Theaterstück soll zum Diskurs anregen, andererseits aber auch nicht als theologische Streit- und Kampfschrift abgetan werden. Vor allem aber wollte er verhindern, dass es in den Kompetenzbereich der Zensurbehörde geriet, die über »Gedichte« keine Verfügungsgewalt hatte.

■ Die Gattung

Mit der Kennzeichnung »Dramatisches Gedicht« weicht er zugleich dem Dilemma aus, das Drama genauer als Tragödie oder als Komödie zu klassifizieren. Es ist keins von beiden: sowohl tragische wie komische Züge sind nachzuweisen. Als eindeutig komi-

6 Gotthold Ephraim Lessing, *Werke*, Bd. 2: *Trauerspiele, Nathan, Dramatische Fragmente*, München 1971, S. 744 f.

sche Figuren sind der Bettelmönch und der Klosterbruder konzipiert. Die heftigsten Attacken richten sich gegen den satirisch zugespitzten Patriarchen, der in dem historisch verbürgten Patriarchen Heraklius ein Vorbild und in dem Hamburger Pastor Goeze ein Nebenbild hat.

Darüber hinaus wäre zu prüfen, ob die darzustellende Handlung in jenem Sinne »dramatisch« ist, dass sie den Zuschauer gespannt das Geschehen verfolgen lässt und ihm Konflikte und tätliche Auseinandersetzungen vorführt. Fraglos gesichert ist dagegen, dass die Struktur des Textes der Bauform »Drama« insofern entspricht, als hier eine geschlossene Handlung in Dialog und Monolog so auf Rollenträger verteilt ist, dass sie zur Darstellung auf einer Bühne, zur szenischen Präsentation oder zumindest zum Sprechen mit verteilten Rollen drängt.

Handlung, Ort und Zeit

Die Handlung ist aufgeteilt auf fünf Akte, die ihrerseits wieder in Szenenfolgen unterschiedlicher Anzahl untergliedert sind. Der Schauplatz ist, grob benannt, die Stadt Jerusalem.

Jerusalem ist für drei Weltreligionen Heilige Stadt: Für die Juden ist es die Stadt Davids und des Tempels Salomos; für die Christen ist es die Stadt, in der Christus gekreuzigt und begraben wurde und wo er von den Toten auferstand; für Muslime ist Jerusalem nach Mekka und Medina die dritte Heilige Stadt, da Mohammed von hier aus in den Himmel aufgestiegen ist.

Die Herrschaft über Jerusalem wechselte im Mittelalter mehrfach. Auf alten Stadtplänen kann man jedoch die Zuordnung der Templer-Gebäude, des Judenviertels, des Patriarchenpalastes und des muslimischen Felsendoms, wie sie zur Zeit Saladins gegeben war, leicht ausmachen.[7]

Insgesamt ist die Geschichte des Heiligen Landes von der Antike bis in die Gegenwart konfliktgeladen und wechselvoll. Die Zeit der Kreuzzüge, die 1096 begann und die mittelalterliche Geschichte prägte, bildet in dem Ablauf nur eine Episode. Die großen Städte, die in Lessings Drama erwähnt werden, nämlich Jerusalem (V. 6), Babylon (V. 5) und Kairo (Kahira) (V. 3157) bilden gegenwärtig wieder wichtige Zentren der internationalen Politik. Und auch die kleineren Orte wie Gazza (V. 2979; heute Ghaza), Askalon (V. 2986) und Jericho (V. 2936) sind ebenso wie der Berg Sinai (V. 595, 1647) und das Libanon-Gebirge (V. 662, 906, 3219) bekannt aus den aktuellen Tagesnachrichten und auf historischen Karten[8] ebenso zu finden wie auf aktuellen.

Das dramatische Gedicht Lessings hat nicht nur räumlich einen festen Untergrund; es ist auch zeitlich ziemlich genau fixiert. Die Haupthandlung spielt 1192 zur Zeit des von Sultan Saladin und Richard Löwenherz ausgehandelten Waffenstillstands während des dritten Kreuzzugs. Als historisch bezeugte Personen sind der Sultan Saladin (V. 1138–1193) und seine

7 Günter Kettermann, *Atlas zur Geschichte des Islam*, Darmstadt 2001, S. 76.

8 Kettermann (s. Anm. 7), S. 77.

Schwester Sittah anzusehen; erwähnt werden die europäischen Heerführer König Philipp August von Frankreich, Richard Löwenherz aus England und Barbarossa, der staufische Kaiser. Über den historischen Hintergrund hat sich Lessing sehr genau informiert; die zentrale Handlung ist dagegen seine Erfindung.

In den Hintergrund gedrängt sind die im Jahr 1192 kaum unterbrochenen Kriegshandlungen, bei denen »der Grausamkeit der Franken gegenüber den Gefangenen von Akkon zunehmend grausame Vergeltungsmaßnahmen auch von seiten Saladins«[9] folgen. Lessings Bühne ist frei von Kampfgeschrei und Tumult.

Innerhalb der Stadt treffen die Figuren einige Male im Haus des Nathan, einige Male im Palast des Saladin und öfter noch auf Plätzen und Straßen der Stadt zusammen. Die Handlung läuft an einem Tag des Jahres 1192 während des Waffenstillstands zur Zeit des dritten Kreuzzugs ab. Das Geschehen bleibt also insofern übersichtlich, als es die Einheit von Ort und Zeit wahrt und so eine Grundorientierung bietet.

Der Blick des Zuschauers wird auf die Figuren gerichtet. Spannung gewinnt das Stück durch deren unterschiedliche Herkunft, Lebensgeschichten und Weltanschauungen. Sie werden nun an einem Ort zusammengeführt und durch ein eher zufälliges Ereignis verbunden. Da die Geschichten der einzelnen Charaktere erst im Laufe des Stücks offengelegt werden, hat es Züge eines analytischen Dramas. Da sich

9 Francesco Gabrieli, *Die Kreuzzüge aus arabischer Sicht*, Augsburg 2000, S. 280.

aber andererseits durch die Begegnung der Figuren eine Entwicklung vollzieht, die am Anfang nicht absehbar ist, herrschen Elemente des synthetischen Dramas vor: Figuren, die am Anfang kaum bereit sind, ein Wort miteinander zu wechseln, bilden am Ende eine harmonische Gruppe. Aufschlussreich ist die Regiebemerkung am Schluss der Textvorlage: »*Unter stummer Wiederholung allerseitiger Umarmungen fällt der Vorhang.*« Ein Bild der Eintracht und der Harmonie. Das, was die Figuren anfangs getrennt hat, ist überwunden. Diejenigen, die hier versammelt sind, sind durch Verwandtschaft oder Freundschaft, vor allem durch edle Menschlichkeit verbunden. Ein Komödienschluss, der als optimistischer Ansporn oder als Utopie, als gefährlicher Wahn oder als Illusion ausgelegt werden kann.

Personen-Drama

Nathan der Weise ist ein Personen-Drama in ganz besonderem Sinne. Nathan, die Titelfigur, ist als Handlungs- und Ideenträger zweifellos Hauptfigur. Er ist in allen fünf Akten präsent und tritt in 19 von insgesamt 40 Szenen auf. Er setzt als Pflegevater Rechas jene Handlungsfolge in Gang, die damit beginnt, dass er dem Tempelherrn begegnet, und die mit der Zusammenführung der Geschwister endet. Als reicher Kaufmann wird er zum Sultan geladen und ist dadurch auch an jenem Handlungsstrang beteiligt, in dem es um die Geldgeschäfte Saladins geht. Beide Handlungsfolgen sind äußerer Anlass dafür, die Hauptfiguren des Stücks zusammenzuführen.

Das eigentliche Geschehen des Dramas ist jenes,

das im Innern der Figuren abläuft und das nach außen in einzelnen Taten sichtbar wird. Auch hier geht die Bewegung von Nathan aus. Er ist als Erster über die »Vernunft« (V. 3052) zu einem neuen Verständnis von Gott und den Religionen gelangt. Er, der als Jude über das orthodoxe Judentum hinausgewachsen ist, lebt dieses Bekenntnis seiner Tochter Recha vor, trägt es dem christlichen Tempelherrn direkt und überzeugend vor – Tempelherr: »Wir müssen, müssen Freunde werden« (V. 1319) – und legt es als große Parabel dem muslimischen Sultan dar, der mit der Bitte »sei mein Freund« (V. 2060) ähnlich reagiert wie der Tempelherr.

Blankvers

Das dramatische Gedicht *Nathan der Weise* liegt in der Endfassung in Versform vor. Lessing hat den sogenannten Blankvers, eine fünfhebige reimlose Verszeile in Jamben, gewählt, um einen gehobenen, teilweise »orientalisch«[10] klingenden Ton zu treffen. Lebendig wird die Rede vor allem dann, wenn mitten in der Zeile der Sprecher – etwa mit einem kurzen Einwurf – wechselt oder wenn die Sätze über das Verszeilenende in die nächste Zeile hinübergezogen werden (Enjambement oder Zeilensprung).

Die zentrale Frage

Saladin spricht das zentrale Thema des Stücks aus, wenn er Nathan fragt:

> »Was für ein Glaube, was für ein Gesetz
> Hat dir am meisten eingeleuchtet?« (V. 1840 f.)

10 So Lessing in einem Brief an Karl Wilhelm Ramler vom 18. 12. 1778.

Die Antwort Nathans, dargeboten als »Märchen« (V. 1890), genauer als Parabel, bildet den Mittelpunkt des Dramas (III,5–7). Die Grundüberlegungen werden ergänzt durch die Religionsgespräche, die Nathan mit Recha (I,2) und mit dem Tempelherrn führt (II,5). Wichtiger aber als Glaubensbekenntnisse sind die Zeugnisse durch die Tat. Als Taten praktizierten Gottesglaubens dürfen die Rettung des verwaisten Christenkindes durch Nathan und den Reitknecht (V. 2971 ff.), die Begnadigung des Tempelherrn durch Saladin (V. 87 ff.) und die Rettung Rechas aus dem brennenden Haus (V. 81 ff.) angesehen werden. Alle diese Taten erwachsen einer grundlegenden »Tugend« (V. 36), der sich die Hauptfiguren verpflichtet fühlen.

Die zentrale Frage wird genau in der Mitte des Stückes gestellt und dann – unter Verwendung der Ringparabel – erörtert. Die praktischen Konsequenzen für Menschen, die sich dieser Frage ernsthaft stellen, werden in Handlungssträngen sichtbar, die sich über das ganze Drama ziehen. Vom Ende her gesehen, erkennt man, wie das tugendhafte Handeln mit dem Walten einer höheren Vorsehung übereinstimmt.

5. Quellen und Kontexte

Lessing und die Theologie

Lessing stammte aus einem protestantischen Pfarrhaus, hatte einige Semester Theologie studiert und sich auch weiterhin mit theologischen Fragen beschäftigt, als er das Studienfach wechselte und »der theologischen Beamtenlaufbahn auswich«[11]. Auch als aufklärerischer Schriftsteller war er gezwungen, sich mit ihnen zu befassen, denn in einer Zeit, in der Kirche und Staat in engster Beziehung standen, in der weltliche und geistliche Obrigkeiten sich gegenseitig stützten und sich den Untertanen gegenüber hoch überlegen gaben, wurde die Bevormundung durch die Kirche als problematischer angesehen als die durch den Staat. Da verbeamtete Theologen in den meisten Fällen die staatliche Zensur ausübten, verfügten sie über eine Machtstellung, von der aus sie Gelehrte und Literaten mundtot machen konnten. Es war nur konsequent, die Berechtigung dieser Machtstellung kritisch zu erörtern und die Grundlagen eines solchen Anspruchs zu hinterfragen. Weder die Kirche noch der Staat konnten weiterhin bedingungslosen Gehorsam von Untertanen erwarten; weder geistliche Führer noch Regenten konnten sich weiterhin als Autoritäten gebärden, die fraglos anerkannt wurden. Gefordert wurde eine von allen vernünftigen Menschen annehmbare Legitimation.

11 *Lessing. Epoche, Werk, Wirkung. Ein Arbeitsbuch für den literaturgeschichtlichen Unterricht*, hrsg. von Wilfried Barner [u. a.], München 1975, S. 248.

Die Schriften des Alten und Neuen Testaments gelten nicht nur als Grundlage der christlichen Religion, sie sind auch das Fundament, auf dem die christlichen Kirchen errichtet sind und auf dem ihre Lehr- und Glaubenssätze aufbauen. Indem die Aufklärer für das Recht der Menschen eintraten, sich ihres eigenen »Verstandes ohne Leitung eines anderen zu bedienen«[12], gingen sie gegen den Alleinvertretungsanspruch der Theologen in biblischen Fragen an und forderten eine genaue und öffentlich zu führende Diskussion auch der biblischen Texte.

Lessing als Bibliothekar

Lessing, der seit 1770 Herzoglicher Bibliothekar in Wolfenbüttel war, hatte sich unter anderem die Aufgabe gestellt, Texte – vor allem Handschriften – aus der Bibliothek zu veröffentlichen und damit auf die Bedeutung der Institution hinzuweisen. Es war also nichts Ungewöhnliches, als er 1773 »Beiträge zur Geschichte und Literatur« ankündigte; ungewöhnlich war auch nicht, dass einige dieser Beiträge theologische Themen enthielten; ungewöhnlich war eher, dass die wichtigsten Stücke gar nicht aus der Wolfenbütteler Bibliothek stammten, sondern von dem Hamburger Orientalisten Hermann Samuel Reimarus, der aber ungenannt blieb.

Lessing hatte Reimarus in seiner Hamburger Zeit kennen- und schätzen gelernt. Reimarus war 1694 in Hamburg geboren und lebte bis zu seinem Tod 1768 in seiner Heimatstadt. Als Philosoph trat Reimarus

12 Kant (s. Anm. 3), S. 240.

Abb. 3: Hermann Samuel Reimarus (1694–1768)
Philosoph, Orientalist
Kupferstich von Christoph Fritzsch (1751)

dafür ein, dass auch die Theologie den Grundsätzen der Vernunftlehre zu folgen habe, dass Religion auf der natürlichen Erkenntnis des Menschen basiere und basieren müsse und keine Offenbarung des Himmels sei. Seine Gedanken hatte er zusammengefasst in einer umfangreichen Abhandlung: *Apologie oder Schutzschrift für die vernünftigen Verehrer Gottes.* Diese Schrift war zu seinen Lebzeiten nie erschienen und wurde von seinen Erben Lessing anvertraut.

In Hamburg hatte Lessing nicht nur mit der Familie Reimarus engen Kontakt, sondern auch mit der Kaufmannsfamilie König und mit dem orthodoxen Lutheraner und Prediger Johann Melchior Goeze (1717–1786). Zu seinen Aufgaben als »Herzoglicher Bibliothekar« in Wolfenbüttel gehörten nun die Pflege und Veröffentlichung der Bibliotheksschätze und in dieser Funktion veröffentlichte er Teile aus den Schriften von Reimarus, denen er eigene Erklärungen beigab. Es war eine unzutreffende Schutzbehauptung, dass diese »Schriften eines Ungenannten« zum Bestand der Bibliothek gehörten.

Der Fragmentenstreit

Einer der ersten Beiträge, die als »Fragmente eines Ungenannten« veröffentlicht wurden, trug den Titel *Von der Duldung der Deisten.* Als Deisten gaben sich solche Leute aus, die – im Gegensatz zu den Atheisten – an einen einzigen Gott als den letzten Grund aller Dinge glaubten, der aber nach Abschluss dieser Schöpfung keinen Einfluss mehr auf die Weltentwicklung nimmt. Wie die Welt durch die Naturgesetze gesteuert wird, so kann der Mensch nach Auffassung der Deisten mit Hilfe der Vernunft ein erträgliches Zusammenleben organisieren. Die Intention der genannten Abhandlung bestand darin, diese Deisten seitens der christlichen Kirchen zu tolerieren, da die wahre christliche Lehre nicht weit von den Anschauungen der Deisten entfernt sei. So heißt es in den Fragmenten: »Die reine Lehre Christi, welche aus seinem eigenen Munde geflossen ist […], enthält nichts als eine vernünftige practische Religion«.[13] Dagegen hatten – so die These – »Glaubensbücher, Geheimnisse, Ceremonien und Glaubensformeln«, die erst später von der Kirche der reinen Lehre hinzugefügt wurden, einzig zur Folge, die verschiedenen Kirchen »unter einander zu verketzern«.[14]

Diese Behauptungen zwangen die Theologen zur Stellungnahme. Grundsätzlich ging es um die Frage, ob die Glaubenssätze, die von der christlichen Kirche vermittelt werden, absolut wahr, d.h. unabhängig von Zeit und Ort richtig und verbindlich sind oder ob Glaubenssätze auf Meinungen beruhen, die sich im Laufe der Zeit ändern können. Für Lessing stand fest, dass auch Religionen einem geschichtlichen Wandel unterworfen seien; seine Gegner gingen davon aus, dass ihr Glaube absolut wahr sei. Sie lassen sich als Rechtgläubige, als Orthodoxe (griech. *orthós* ›gerade, aufrecht, recht, richtig‹; griech. *dóxa* ›Meinung, Glaube; Ansehen, Ruf‹) bezeichnen. Die zentrale Streitfra-

13 Gotthold Ephraim Lessing, *Werke in acht Bänden*, hrsg. von Herbert G. Göpfert, Bd. 7, München 1973, S. 330.

14 Lessing (s. Anm. 13), S. 331.

Abb. 4: Johann Melchior Goeze (1717–1786)
Theologe, Hauptpastor in Hamburg
Kupferstich von D. Philippin

ge lautet also: Welches ist die »wahre Religion«? Zu diskutieren wäre, ob die Lehrsätze der christlichen Religion als absolut wahr angesehen werden können und – noch radikaler – ob das Erkenntnisvermögen des Menschen überhaupt bis zur absoluten Wahrheit vorstoßen könne.

Lessing hatte sich längst die Thesen des Deisten Reimarus zu eigen gemacht, als sich an die Spitze der orthodoxen Gegner der Hamburger Hauptpastor Goeze setzte. Dieser veröffentlichte zu Ostern 1778 *Etwas Vorläufiges gegen Herrn Hofrats Lessings mittelbare und unmittelbare feindselige Angriffe auf unsere allerheiligste Religion, und auf den einigen Lehrgrund derselben, die heilige Schrift, von Johann Melchior Goeze, Hauptpastor an der St. Katharinen-Kirche in Hamburg.*

Lessing antwortet am 16.3.1778 mit einer Replik und setzt die Veröffentlichung der Fragmente fort. Der Streit wurde jetzt in polemischen Schriften und Gegenschriften ausgetragen. Nach der Veröffentlichung des sechsten Fragments – Titel: *Von dem Zwecke Jesu und seiner Jünger* – erwirken die Gegner Lessings ein Einschreiten des Herzogs. Dieser entzieht seinem Bibliothekar am 13.7.1778 die Zensurfreiheit. Die bisher erschienenen Fragmente werden konfisziert, und Lessing wird jede weitere Stellungnahme in dieser Sache untersagt. Am 17.8.1778 verfügt der Herzog von Braunschweig in einer Resolution, es sei dem Hofrat Lessing nicht mehr gestattet, »daß er in Religionssachen, so wenig hier als auswärts, auch weder unter seinem noch anderen angenommenen Namen, ohne vorherige Genehmigung des Fürstl. Geheimen Ministerii ferner etwas drucken lassen möge«[15].

Da die Zensur jedoch nur alle wissenschaftlichen und journalistischen Veröffentlichungen betraf, fand Lessing eine Möglichkeit, die Auseinandersetzung auf einem anderen Schauplatz weiter- und fortzuführen. Am 6. September 1778 schrieb er an Elise Reimarus, die Tochter des verstorbenen Autors der *Fragmente eines Ungenannten*: »Ich muß versuchen, ob man mich auf meiner alten Kanzel, auf dem Theater wenigstens, noch ungestört will predigen lassen«.[16]

Der *Nathan* als Teil des Fragmentenstreits

An seinen Bruder Ludwig hatte er am 11. 8. 1778 bereits geschrieben:

> »Ich habe vor vielen Jahren einmal ein Schauspiel entworfen, dessen Inhalt eine Art von Analogie mit meinen gegenwärtigen Streitigkeiten hat, die ich mir damals wohl nicht träumen ließ. Wenn Du und Moses (Mendelssohn) es für gut finden, so will ich das Ding auf Subskription drucken lassen. [...] Ich möchte zwar nicht gern, daß der eigentliche Inhalt meines anzukündigenden Stücks allzufrüh bekannt würde; aber doch, wenn Ihr, Du oder Moses, ihn wissen wollt, so schlagt das *Decamerone des Boccaccio* auf: *Giornata I. Nov. III. Melchisedech Giudeo.*

15 »Resolution an den Hofrat Lessing«, zitiert nach: Theodor Pelster, *Literaturepochen: Aufklärung und Gegenbewegungen,* München 1996, S. 151.
16 Brief vom 6. 9. 1778, zitiert nach: Barner (s. Anm. 11), S. 276.

> Ich glaube, eine sehr interessante Episode gefunden zu haben, daß sich alles gut soll lesen lassen, und ich gewiß den Theologen einen ärgern Possen damit spielen will, als noch mit zehn Fragmenten.«[17]

Lessing bleibt also beim Thema, verfolgt weiter seine Intention, sucht weiter ein über die Fachgrenzen der Theologie hinausgehendes Publikum, wechselt allerdings den Schauplatz und die Sprachform, wenn er seine Gedanken jetzt in einem Drama hervorbringt statt in einem Zeitschriftenartikel, in einem Traktat oder in einer wissenschaftlichen oder philosophischen Abhandlung. Das Drama *Nathan der Weise* kann daher als Teil eines breit angelegten aufklärerischen Diskurses angesehen werden, in dem Behauptungen aufgestellt und geprüft, Begriffe geklärt und Argumentationen vorgetragen werden.

■ Die Novelle aus dem *Decameron*

Die Novelle des Boccaccio darf also als Keimzelle des dramatischen Gedichts *Nathan der Weise* angesehen werden und nimmt später eine Schlüsselstelle im Drama ein – allerdings nicht als Novelle, sondern als sogenannte Ringparabel. Voraussetzung war, dass der Autor die Geschichte vom Juden Melchisedech zu seinem besonderen Zweck weiterverarbeitete.

17 Zitiert nach: Barner (s. Anm. 11), S. 276.

Abb. 5: Der Jude Melchisedech und Sultan Saladin

Boccaccio, *Das Decameron*, Tag I, 3. Novelle:

»Der Jude Melchisedech wendet mit einer Erzählung von drei Ringen eine große Gefahr ab, in die ihn Saladin bringen wollte.

[...] Tugend und Tapferkeit des Saladin waren so groß, dass er durch sie nicht allein aus geringem Stand zum Sultan von Kairo aufstieg, sondern überdies viele Siege über die Könige der Sarazenen und der Christen errang. In verschiedenen Kriegen und für seine prächtige Hofhaltung hatte er seinen Schatz ausgegeben und benötigte für eine unvorhergesehene Angelegenheit eine größere Menge

Geldes; er wusste aber nicht, woher er es so schnell, wie er es nötig hatte, nehmen sollte. Da erinnerte er sich eines reichen Juden namens Melchisedech, welcher in Alexandria Geld zu Wucherzinsen verlieh. Er glaubte, dieser könnte ihm dienlich sein, wenn er nur wollte. Jener war aber so geizig, dass er es von sich aus nie getan hätte; und Gewalt wollte ihm der Sultan auch nicht antun. Da ihn die Not bedrängte, und nachdem er hin und her überlegt hatte, wie er den Juden dazu bringen könnte, ihm gefällig zu sein, verfiel er darauf, ihn unter dem Schein der Rechtmäßigkeit zu erpressen.

Er ließ ihn zu sich kommen, empfing ihn freundlich, hieß ihn sich zu ihm setzen und sagte ihm alsdann: ›Guter Mann, ich habe von mehreren Personen vernommen, dass du sehr klug bist und weit fortgeschritten in der Gottesgelehrsamkeit. Deswegen möchte ich gerne von dir erfahren, welches der drei Gesetze für dich das wahre ist: das jüdische, das sarazenische oder das christliche.‹

Der Jude, der in der Tat ein kluger Mann war, merkte nur zu gut, dass Saladin darauf lauerte, ihn mit seiner Antwort zu fangen, um dann eine Forderung an ihn stellen zu können; er überlegte, dass er keine der drei Religionen mehr als die anderen lobpreisen könnte, ohne dass Saladin nicht seine Absicht erreichte. Wie einer, der eine Antwort sucht, in der er sich nicht verfängt, strengte er seinen Geist an und fand rasch, was er sagen musste, und begann: ›O Herr, die Frage, die Ihr mir vorlegt, ist schön; um alles, was ich dazu empfinde, sagen zu können, wähle ich eine kleine Erzählung, die Ihr nun hören werdet. Wenn ich mich nicht täusche, so erinnere ich mich, viele Male von einem großen und reichen Mann gehört zu haben, der unter all den kostbaren Edelsteinen in seinem Schatz einen wunderschönen und wertvollen Ring besaß; um seines Wertes und seiner Schönheit willen schätzte er ihn besonders hoch und wollte ihn für alle Zeiten seinen Nachkommen überliefern; deswegen bestimmte er, dass derjenige seiner Söhne, bei welchem dieser von ihm hinterlassene Ring gefunden würde, als sein Erbe angesehen und von allen übrigen als der Älteste geehrt und geachtet werden sollte. Der, dem er hinterlassen wurde, bestimmte das Gleiche für seine Nachkommen und tat seinerseits, wie sein Vorfahre es getan hatte. Kurzum, der Ring ging von Hand zu Hand durch viele Generationen und gelangte schließlich in die Hände eines Mannes, der drei schöne, tugendhafte, dem Vater überaus gehorsame Söhne hatte, weswegen er sie alle drei gleichermaßen liebte. Und die jungen Leute, die die Tradition des Ringes kannten und von denen ein jeder danach strebte, der Ausgezeichnete in der Familie zu sein, baten, jeder für sich und so gut er es konnte, den Vater, der alt war, ihm selbst und nicht den Brüdern bei seinem Tod den Ring zu hinterlassen. Der gute Mann, der sie alle drei gleichermaßen liebte und nicht auszuwählen wusste, wem er den

Ring hinterlassen sollte, dachte daran, nachdem er es einem jeden versprochen hatte, sie alle drei zufriedenzustellen. Heimlich ließ er bei einem geschickten Meister zwei weitere Ringe anfertigen, die dem ersten so sehr glichen, dass selbst der, welcher sie angefertigt hatte, kaum noch den echten Ring erkennen konnte. Als er seinen Tod nahen fühlte, gab er heimlich einem jeden seiner Söhne einen Ring. Nach dem Tod des Vaters wollte ein jeder von ihnen das Erbe und die Auszeichnung für sich beanspruchen; ein jeder bestritt dem anderen diesen Anspruch; als Begründung und Zeugnis legte ein jeder seinen Ring vor. Die Ringe waren einander so ähnlich, dass man nicht erkennen konnte, welcher der echte war; daher blieb der Streit, wer von ihnen der wahre Erbe des Vaters ist, offen und ist es immer noch. Dasselbe, o Herr, sage ich Euch auch über die drei Gesetze, die Gottvater den drei Völkern gegeben hat und die Ihr mir zur Beurteilung vorgelegt habt. Ein jedes Volk glaubt, Gottes Erbe, sein wahres Gesetz zu besitzen und unmittelbar seinen Willen auszuführen. Aber wer es wirklich besitzt, das ist, wie bei den Ringen, eine noch offene Streitfrage.‹

Saladin erkannte, dass es jenem bestens gelungen war, aus der Schlinge, die er ausgelegt hatte, herauszuschlüpfen; so beschloss er ihm seine Notlage zu offenbaren und zu sehen, ob er ihm dienlich sein wollte. Also eröffnete er ihm, was seine Absicht gewesen wäre, wenn jener ihm nicht so klug, wie er es

> getan, geantwortet hätte. Der Jude gab ihm freiwillig jede Summe Geldes, die Saladin von ihm erbat. Saladin stellte ihn danach voll und ganz zufrieden; darüber hinaus überreichte er ihm reiche Geschenke und erhielt ihn sich immer als Freund und bewahrte ihm in seiner Umgebung einen ehrenvollen Platz.«[18]

Das Manuskript von jenem Schauspiel, das Lessing in seinem Brief an den Bruder erwähnt und von dem er schreibt, dass er es »vor vielen Jahren« einmal entworfen habe, ist erhalten. Es enthält umfangreiche Notizen zum Handlungsaufbau und zur Figurenstruktur, auch schon Monologe und Dialoge – allerdings noch in Prosafassung. An der Stelle des späteren Gesprächs zwischen Nathan und dem Sultan steht einzig die Bemerkung: »Saladin u. Nathan. Die Szene aus dem Boccaz.«[19] Lessing beginnt die Ausarbeitung seines Entwurfs im November 1778. Er hat sich entschlossen, den gesamten Text zu »versifizieren«. Über die fortschreitende Arbeit führt er Buch und beendet sie im März 1779. In diese Arbeitsphase fällt offensichtlich auch die Weiterentwicklung des Novellentextes zur religionskritischen Ring-Parabel.

18 Giovanni Boccaccio, *Das Decameron*, Stuttgart 2012, S. 69–72.

19 Gotthold Ephraim Lessing, *Nathan der Weise. Studienausgabe*, hrsg. von Kai Bremer und Valerie Hantzsche, Stuttgart 2013 [u. ö.], S. 189.

Die Herausforderung

Das Stück ist folglich lehrhaft, hat didaktischen Charakter, fordert zur Stellungnahme heraus. Der Zuschauer oder Leser soll mitdenken, kritisch abwägen und dann seine Schlüsse ziehen. Er soll keine vorformulierte Wahrheit annehmen, sondern sich an der Wahrheitssuche beteiligen. Das Drama ist insofern Lehrstück, als es nicht in der dem Leser und Zuschauer vertrauten Gegenwart spielt, sondern an einem fernen Ort – damals nahezu unerreichbar –, der märchenhaft entrückt ist, der Modellcharakter hat. Dort ist ein weiser Mann Wortführer. Die dargestellte Kommunikationssituation ist ideal, da alle frei reden können und alle bereit sind, aufmerksam zuzuhören.

Damit ist eine Situation hergestellt, die genau der entgegengesetzt ist, unter der Lessing in Braunschweig und Wolfenbüttel litt. Offene Diskussion, so scheint es, war nur im Spiel und auf dem Theater möglich.

Lessing hatte großes Interesse, dass sein Stück möglichst schnell publiziert wurde, da es durchaus als Teil des Fragmentenstreits verstanden werden sollte. Auf eine Theateraufführung konnte und wollte er nicht warten. Um einen Druck zu finanzieren, lud er zur Subskription ein. Darüber hinaus fand er einen Freund, der bereit war, eine größere Summe für die entstehenden Druckkosten vorzustrecken. Die Erstausgabe erschien 1779 ohne Verlagsangabe, aber mit dem deutlichen Hinweis »Introite, nam et heic Dii sunt« als Motto: »Tretet ein, auch hier sind Götter«.

6. Interpretationsansätze

Das Motto und die Eröffnungsszene

Als »dramatisches Gedicht« wird *Nathan der Weise* auf dem Titelblatt der Erstausgabe angekündigt. Damit weist der Autor darauf hin, dass dieser Text nicht unbedingt auf eine Inszenierung auf einer Bühne ausgerichtet ist, sondern auch zur Lektüre und zum Vortrag mit verteilten Rollen taugt. Außerdem weicht er der Entscheidung einer weiteren Klassifizierung als Trauerspiel oder Komödie aus.

Im Gegensatz zu dieser Unentschiedenheit gibt er dem Leser oder dem zuhörenden oder zusehenden Publikum mit dem lateinischen Zitat »Introite, nam et heic Dii sunt« eine Denkrichtung vor. Es handelt sich bei dem Satz – übersetzt: »Tretet ein, auch hier sind Götter« – um einen Ausspruch, den der griechische Philosoph Heraklit (um 520 – 460 v. Chr.) getan haben soll und den der römische Schriftsteller Aulus Gellius in der Ankündigung eines seiner Werke etwa um 175 v. Chr. in diese Form gebracht haben soll. Lessing verwendet den Satz als Motto, also als Denk- und Leitspruch, mit dem das Thema seines Werks in ganz allgemeiner Form umschrieben ist und mit dem zugleich auf den aktuellen Streitfall verwiesen wird.

»Auch hier sind Götter«

Mit dem einleitenden Imperativ »Introite« = »Tretet ein«, werden die Angesprochenen aufgefordert zu hören, zu lesen und aufzumerken, jedenfalls die Sinne auszurichten auf das »Heic«, also auf das Hier. Dieses

Nathan der Weiſe.

Ein

Dramatiſches Gedicht,

in fünf Aufzügen.

Jntroite, nam et heic Dii ſunt!

APVD GELLIVM.

Von

Gotthold Ephraim Leſſing.

Abb. 6: Titelblatt der Erstausgabe *Nathan der Weise* (1779)

Hier ist das Werk, der Text, die literarisch gestaltete Wirklichkeit, die Handlung. In dieser erfundenen Handlung, in der der Jude Nathan offensichtlich die Hauptperson ist, gibt es auch »Dii«, also Götter.

An welche Götter Heraklit und Gellius gedacht haben mögen, sei dahingestellt. Lessing dürfte weniger an Götter als an verschiedene Glaubensrichtungen und Gottesvorstellungen, also an Religionen und Konfessionen gedacht haben. Er spielt mit dem Stichwort »Dii« auf die theologie- und religionskritische Auseinandersetzung an, die er mit dem Hamburger Hauptpastor Goeze und anderen führt und deren wissenschaftliche und journalistische Weiterführung ihm verboten ist.

Die übergeordnete Frage lautet: Was ist die Grundlage unseres und anderer Konfessionen Glaubens an Gott? Welcher Glaube ist der »wahre«? Sind »Glaube« und »Wissen« zu vereinbaren oder sind sie unvermittelbare Gegensätze? Der Fragmentenstreit hatte keine Annäherung gebracht, erst recht keine Lösung. Vielleicht war das auch nicht zu erwarten: »Die zugrundeliegende Problematik jedoch, die Beziehung zwischen Vernunft und Offenbarung, zwischen Philosophie und Theologie, war genau genommen so alt wie das Christentum selbst.«[20] Dessen ungeachtet nimmt Lessing den Streit wieder auf, stellt im Spiel Gläubige unterschiedlicher Bekenntnisse und unterschiedlicher Intensität neben- und gegeneinander, fordert

20 Barner (s. Anm. 11), S. 256.

zum Vergleich und zur Diskussion auf: Merkt auf, auch hier sind Gläubige und Gottesvorstellungen.

»Gott sei Dank!«

Die ersten Sätze des dramatischen Gedichts gehören Daja, der Wirtschafterin in Nathans Haus und der Gesellschafterin Rechas, der Tochter Nathans:

> »Er ist es! Nathan! – Gott sei ewig Dank,
> Dass Ihr doch endlich einmal wiederkommt.« (V. 1 f.)

Nathan, der gerade von einer langen und schwierigen Reise nach Hause kommt, nimmt Dajas Rede auf und relativiert sie:

> »Ja, Daja; Gott sei Dank! Doch warum endlich?
> Hab ich denn eher wiederkommen wollen?« (V. 3 f.)

Was im Laufe der Zeit im deutschen Sprachgebrauch zur Floskel geworden ist, dürfte für Daja noch die Funktion eines ehrlichen kurzen Dankgebets haben: »Gott sei ewig Dank«. Sie ist, wie man später erfährt, in Sorge und Angst gewesen. Jetzt fühlt sie sich gerettet – und dankt Gott.

Nathan stimmt im Wortlaut mit Daja überein: »Gott sei Dank!« Da aber die Reise wie geplant und komplikationslos verlaufen ist, spürt er keinen Anlass für einen ausdrücklichen Dank. Er ist auch ohne Gottes direktes Einwirken gut nach Hause gekommen. Das »Gott sei Dank!« ist für ihn konventionelle Redensart. Mehr nicht, aber auch nicht weniger.

Doch dann zeigt sich, dass Dajas Sorgen und auch

ihr Dankgebet nicht unbegründet waren; denn während Nathans Abwesenheit sind Recha und sie selbst nur knapp einer Katastrophe entkommen: Im Haus hat es gebrannt und Recha wäre beinahe ein Opfer der Flammen geworden. Aber eben nur beinahe. Der materielle Schaden scheint nicht allzu groß gewesen zu sein und hätte auch leicht behoben werden können. Dagegen ist die Rettung Rechas nicht bloß bemerkenswert und aufsehenerregend, sondern, wie sich bald zeigt, Dreh- und Angelpunkt der Handlungsgeschichte des dramatischen Gedichts.

Für Daja ist klar: Recha ist durch einen »Engel« (V. 69) gerettet worden, der von »Gott« (V. 59, 89) geschickt wurde, und deshalb war die Rettung ein »Wunder« (V. 78).

Auch Nathan ist ob der Rettung Rechas erleichtert und dankbar, möchte aber trotzdem wissen, wie die Rettung real abgelaufen ist, und erfährt, dass ein »junger Tempelherr, den […] Saladin begnadigt hatte« (V. 84), Recha »aus dem Feuer / […] rettete.« (V. 81 f.) Er ist überrascht: »Durch ein geringres Wunder / War Recha nicht zu retten? Gott!« (V. 88 f.)

Daja versteht unter Wunder »ein ungewöhnliches, ungeheures Geschehen, durch das Gott den Menschen, die darüber staunen, ein Zeichen gibt«[21]. Für Daja sind Wunder besondere Offenbarungen Gottes.

Auch für Nathan ist das, was anlässlich der Gefahr, in der sich Recha befand, passierte, ein »Wunder«

21 Johannes Hoffmeister, *Wörterbuch der philosophischen Begriffe*, Hamburg 1955, S. 676.

(V. 88) – allerdings ein Wunder anderer und durchaus irdischer Art. Dass ein Tempelherr christlichen Glaubens, der von muslimischen Truppen gefangen genommen wurde, dann vom Sultan begnadigt wurde, in diesem spannungsgeladenen Jerusalem die für ein Judenkind gehaltene Recha unter Einsatz seines Lebens gerettet hat, ist außergewöhnlich, großartig, beispielhaft, aber kein Hinweis auf ein Eingreifen Gottes. Für Nathan ist die Rettung Rechas die dankenswerte Tat eines tugendhaften Menschen. Dass Nathan seine Frage mit dem Ausruf »Gott!« (V. 89) beschließt, sagt lediglich, dass für ihn und seine Glaubensgemeinschaft Gott eine Instanz ist, die man anrufen kann, der man floskelhaft Dank sagen kann und die man zur Wahrheitsbeteuerung eigener Fragen und Aussagen benutzen kann.

Für Nathan ist Dajas Engel-Geschichte, die sie glaubt und verbreitet, »Wahn« (V. 151) und Schwärmerei (vgl. V. 136, 139, 141). Wahn ist für Nathan eine leere Hoffnung, die mit den Realitäten nichts zu tun hat, und Schwärmerei ist für ihn eine durch nichts begründete Begeisterung, aus »Phantasie« (V. 135) erzeugt. Er hofft, dass vor allem bei Recha, vielleicht aber auch bei Daja »der süße Wahn der süßern Wahrheit Platz« (V. 162) macht und dass in dem Streit zwischen »Kopf« und »Herz« (V. 137) am Ende der Kopf siege und damit die Vernunft, die ratio.

Nathans Antwort auf die Frage Saladins: Die Ring-Parabel

Mittelpunkt des Dramas ist – in mehrfachem Sinne – die Erzählung von den drei Ringen, die Lessing aus Giovanni Boccaccios *Decameron* übernommen und für seine Belange umgearbeitet hat. Mit diesem »Märchen« (V. 1890) reagiert Nathan auf die Frage des Sultans, »was für ein Glaube« ihm »am meisten eingeleuchtet« (V. 1840 f.) habe, welche der in Jerusalem verbreiteten »Religionen [...] / Die wahre« (V. 1844 f.) sei. Die Frage des Sultans, die kurze Reflexionsphase Nathans und die dann folgende Antwort bilden einen Szenenkomplex von drei Auftritten und machen die Mitte des dritten Aufzugs aus, also III,5–7. Inhaltlich wird hier die zentrale Frage verhandelt, die Lessing mit der Herausgabe der *Fragmente eines Ungenannten* angestoßen und für die er das Theater als Diskussionsforum gesucht hatte. Dabei geht es nicht nur darum, welcher »Glaube« (V. 1840), welches »Gesetz« (V. 1840), welche der »Religionen« (V. 1844) »die wahre« (V. 1845) sei, sondern auch um die grundsätzlichere Frage, was nämlich »Wahrheit« (V. 1867) sei und was dem Menschen überhaupt zu wissen vergönnt sei.

Die Ausgangsfrage

Nathan ist nicht ohne innere Vorbehalte beim Sultan erschienen, weiß er doch von Al-Hafi, dass den Herrscher Geldsorgen plagen und dass er als Jude einen schlechten Stand im Staatsverband hat. Tatsächlich hat Saladin – auf Veranlassung seiner Schwester –

den reichen Juden mit dem Hintergedanken eingeladen, ihm eine Falle zu stellen und ihn so gefügig zu machen. Wenn er ihn als »den weisen Nathan« (V. 1799) begrüßt, so schwingt in dieser Charakterisierung durchaus Ironie mit. Ob er es nach dem Vorgeplänkel mit der Frage nach der wahren Religion schon ernst meint oder ob das die hinterlistig geplante Frage ist, kann man »von außen« nicht entscheiden. Jedenfalls entspricht die Situation genau der, die Lessing bei Boccaccio vorfand; dort steht der Jude Melchisedech vor Saladin, der »darauf lauerte, ihn mit seiner Antwort zu fangen, um dann eine Forderung an ihn stellen zu können«[22]. Um die durchschaute Gefahr abzuwenden, erzählt Melchisedech die »Erzählung von drei Ringen«[23]. Auch Nathan überlegt: »Sollt er auch wohl / Die Wahrheit nicht in Wahrheit fodern?« (V. 1876 f.), entschließt sich dann, das »Märchen« (V. 1890) zu erzählen – »Das kann / Mich retten!« (V. 1888 f.). Schließlich tritt er ganz selbstbewusst vor den Sultan: »Möcht auch doch / Die ganze Welt uns hören« (V. 1894 f.). Solche Selbstgewissheit scheint dem Sultan suspekt; doch ist er vorerst bereit, sich ein »Geschichtchen« (V. 1905, 1907) anzuhören.

■ Die Gesprächssituation

■ Das »Märchen«

Hier nun beginnt das, was erst vom Ende her Parabel genannt werden kann, was Nathan dem Publikum als Märchen und Saladin als Geschichtchen angekündigt hat.

22 Boccaccio (s. Anm. 18), S. 70.
23 Boccaccio (s. Anm. 18), S. 69.

Lange Zeit hält Saladin das, was er hört, für ein »Märchen« (V. 1956), wartet auf die Behandlung seines eigentlichen Problems und muss von Nathan darauf gestoßen werden, dass die gestellte Frage soeben zwar nicht direkt, aber indirekt durch eine Gleichniserzählung behandelt wurde. Erst im Rückblick versteht der Sultan, was er gehört hat, und gesteht: »Bei dem Lebendigen! Der Mann hat Recht. / Ich muss verstummen.« (V. 1991 f.) Die Parabel hat als gleichnishafte und deshalb lehrhafte Rede ihre Wirkung getan. Sie hat aufgeklärt; sie hat, wie es für eine Parabel charakteristisch ist, »im Besonderen das Allgemeine, im scheinbar Fremden das Eigene erkennen«[24] lassen; sie hat indirekt »für sittliche Ordnung oder Weltanschauung«[25] geworben und sie hat überzeugt. Allerdings war es notwendig, dem Sultan den Hinweis zu geben, dass er die Analogieschlüsse von dem Erzählten zu dem Gemeinten selbst ziehen müsse: »Der rechte Ring«, heißt es, »war […] / Fast so unerweislich, als / Uns itzt – der rechte Glaube.« (V. 1962–1965)

Das Parabolische

In Boccaccios Novelle erkennt Saladin, »dass es jenem [dem Juden] bestens gelungen war, aus der Schlinge, die er ausgelegt hatte, herauszuschlüpfen«[26]; er gibt das unehrliche Spiel auf und bittet offen um einen Kredit, den er auch erhält. Lessings Saladin

24 Otto F. Best, *Handbuch literarischer Grundbegriffe. Definitionen und Beispiele*, Frankfurt a. M. 1972, S. 190.
25 Best (s. Anm. 24), S. 190.
26 Boccaccio (s. Anm. 18), S. 72.

scheint sein oder seiner Schwester ursprüngliches Vorhaben ganz vergessen zu haben. Er ist ganz ehrlich an dem Problem und seiner Lösung interessiert, beteiligt sich ohne Vorbehalt an dem Diskurs und wird zum kritischen Gesprächspartner. Er will nicht mehr Wahrheit entgegennehmen, sondern er beteiligt sich an der Suche nach Wahrheit.

Die Ringe

Was sich zunächst so einfach als Familien- und Erbgeschichte anhört, erweist sich als hochkompliziert, wenn man das »Geschichtchen« (V. 1905, 1907) auf die Frage bezieht, welche der »drei Religionen [...] / Die wahre« (V. 1843 ff.) sei. Dass die drei Ringe, die der »Vater [...] von drei Söhnen« (V. 1930) weitergibt, für die drei monotheistischen und in Jerusalem aufeinandertreffenden Religionen des Judentums, des Christentums und des Islam stehen, ist noch unmittelbar einsichtig. Diese drei Ringe gehen auf einen einzigen zurück, der folglich für eine ursprüngliche Religion steht. Die drei Religionen haben sich also, so muss geschlossen werden, entwickelt.

Die »liebe Hand«

Der erste und zunächst einzige Ring stammte »aus lieber Hand« (V. 1913) und war »von unschätzbarem Wert'« (V. 1912). Auf welche Weise der Ring an den »Mann in Osten« (V. 1911) gekommen ist, wird nicht gesagt. Allerdings wird betont, dass die Gabe ein Beweis von Güte und Liebe war. Über den Zeitpunkt der Übergabe wird wiederum nichts gesagt; denn schon der erstbekannte Besitzer lebte »vor grauen Jahren« (V. 1911). Als Leser oder Zuhörer zieht man den Schluss, dass ein gütiger und »lieber« Gott Ursprung der ersten und einzigen Religion war, dass man über den Zeitpunkt der Stiftung aber nichts wisse.

Wichtigstes Attribut des Ringes ist der eingelegte »Stein«, »ein / Opal, der hundert schöne Farben spielte« (V. 1913 f.). Die schöne Wirkung geht also von dem Attribut aus. Mag der Ring selbst »von unschätzbarem Wert'« (V. 1912) sein, so steckt die Kraft in dem »Stein« (V. 1913). Die Vorstellung, dass edle Steine eine magische Kraft enthalten, ist bis in die Neuzeit weit verbreitet; doch die »geheime Kraft« (V. 1915), die dieser Opal entwickelt, ist von besonderer Art. Er hat nämlich die

Der Opal

»geheime Kraft, vor Gott
Und Menschen angenehm zu machen, wer
In dieser Zuversicht ihn trug.« (V. 1915 ff.)

Der Außenstehende weiß nichts von der Kraft, er kennt nicht den Bezug von Ursache und Wirkung. Sehr deutlich erkennt man dagegen die Wirkung. Derjenige, an dem sich die Wirkung vollzogen hat, ist »vor Gott / Und Menschen angenehm« (V. 1915 f.). Die Wirkung erfolgt allerdings nicht automatisch; der Stein wirkt nur an dem und durch den, der »in dieser Zuversicht ihn trug« (V. 1917).

Das Gedankenverhältnis zwischen diesen Aussagen lässt verschiedene Deutungen zu. Zu fragen ist, ob der Ring rein zeitlich dann wirkt, sobald er in dieser Zuversicht getragen wird, oder ob er nur unter der

Bedingung wirkt, dass der Träger des Rings die ganze Zuversicht auf den Ring setzt.

Überträgt man das hier gebotene Bild auf die angesprochene Sache, so dürfte man jedenfalls zunächst schließen, dass Religion nicht als Wert an sich angesehen wird, sondern dass der Wert in der Wirkung liegt, die von ihr ausgeht. In der Religion ruht die »Kraft, vor Gott / Und Menschen angenehm zu machen« (V. 1915 f.). Die Güte und Liebe dessen, aus dessen »lieber Hand« (V. 1913) die Religion stammt, soll verbreitet werden. Die gute Wirkung soll den guten Ursprung erkennen lassen. Die »Zuversicht« (V. 1917) in die Kraft des Ringes, der Glaube also, ist Bedingung für die Möglichkeit, »vor Gott / Und Menschen angenehm« (V. 1915 f.) zu werden. Der Besitz des Rings allein garantiert das noch nicht. Nicht einmal die Zuversicht, der Glaube allein, garantiert dies. Nur die Handlungen, die in dieser Zuversicht vollzogen werden, führen zu dem erstrebten Ziel.

Die drei Söhne

Als nun in der langen Generationenfolge ein Vater drei Söhne hat, »die alle drei ihm gleich gehorsam waren« (V. 1931), steht dieser Vater vor der schwierigen Aufgabe, jenen einen Ring, der »aus lieber Hand« (V. 1913) stammt, dem Auftrag gemäß jenem Sohn zu vermachen, »der ihm der liebste sei« (V. 1925). Er aber hat drei Söhne, die »alle drei er […] gleich zu lieben / Sich nicht entbrechen konnte.« (V. 1932 f.) Allen dreien gegenüber hat er die »fromme Schwachheit« (V. 1939), den Ring als Erbe in Aussicht zu stellen. Verständlich, aber problematisch, wie das Oxymoron, bestehend aus der Verbindung des Hochwertworts ›fromm‹ mit dem Niedrigwertwort ›schwach‹, zum Ausdruck bringt. Um aus dem Dilemma herauszukommen, lässt er – »weder Kosten / Noch Mühe« (V. 1947 f.) sparend – zwei Ringe anfertigen, die sich äußerlich nicht von dem Musterring unterscheiden lassen. Für den gütigen Vater ist sicher von Vorteil, dass »der rechte Ring [...] nicht / Erweislich« (V. 1962 f.) ist. Das eigentliche Dilemma wird sich erst in Zukunft zeigen: »Man untersucht, man zankt, / Man klagt.« (V. 1961 f.) Und damit ist man in der historischen und aktuellen Wirklichkeit.

Die drei Söhne, die je einzeln nichts auf ihren »lieben Vater« (V. 2002) kommen lassen, erkennen, dass etwas an der Ringübergabe nicht stimmt, verdächtigen sich aber gegenseitig, nicht den Vater, »des falschen Spiels« (V. 2005) und fordern einen Rechtsspruch vor Gericht. Sie vertrauen darauf, dass vor Gericht ein Sachverhalt, der sich in der Vergangenheit ereignete, aufgeklärt werden könne. Dazu aber sieht sich der Richter nicht in der Lage.

In diesem Teil der Erzählung wird berücksichtigt, dass die drei Religionen zwar in ihrem Brauchtum, aber nicht »von Seiten ihrer Gründe« (V. 1974) zu unterscheiden seien. Eine rückwärtsgewandte Auseinandersetzung, die vor einem Richter, vor einer wissenschaftlichen Institution, vor einer breiten Öffentlichkeit die alleinige Wahrheit einer Religion nachweisen möchte, ist sinnlos; eine rückwärtsgewandte Beweisführung ist nicht möglich.

Der unter den Brüdern ausgebrochene Streit ist ein sicheres Anzeichen, dass »der rechte Ring […] nicht / Erweislich« (V. 1962 f.) ist, dass er »vermutlich […] verloren« (V. 2026) ging und dass die drei nun als »betrogene Betrieger« (V. 2024) dastehen. Keiner von ihnen scheint »Zuversicht« (V. 1917) in die Kraft des Steins zu haben und keiner wendet große Mühe auf, »vor Gott / Und Menschen angenehm« (V. 1915 f.) zu werden.

Damit ist zugleich Kritik an der Haltung und an den Handlungen der Glaubensgemeinschaften und an den einzelnen Gläubigen geübt und ein Ausweg aus dem Dilemma aufgezeigt. Der Beweis für die Wahrheit der Religion kann nicht rückwärts, sondern er muss nach vorn geführt werden. Der Richter sagt sehr deutlich, wie der Beweis zu führen sei:

Der Richter

»Es eifre jeder seiner unbestochnen
Von Vorurteilen freien Liebe nach!
Es strebe von euch jeder um die Wette,
Die Kraft des Steins in seinem Ring' an Tag
Zu legen! komme dieser Kraft mit Sanftmut,
Mit herzlicher Verträglichkeit, mit Wohltun,
Mit innigster Ergebenheit in Gott,
Zu Hülf'! Und wenn sich dann der Steine Kräfte
Bei euern Kindes-Kindeskindern äußern:
So lad ich über tausend tausend Jahre,
Sie wiederum vor diesen Stuhl. Da wird
Ein weisrer Mann auf diesem Stuhle sitzen,
Als ich […].« (V. 2041–2053)

Diese Empfehlung, die große Ähnlichkeit mit dem von Kant formulierten Kategorischen Imperativ[27] hat, bietet die Möglichkeit, »vor Gott / Und Menschen angenehm zu machen« (V. 1915 f.). Wichtiger als die »Ergebenheit in Gott« (V. 2047) scheint dem Richter das »Wohltun« (V. 2046) – »mit Sanftmut« (V. 2045), »mit herzlicher Verträglichkeit« (V. 2046) und »von Vorurteilen frei […]« (V. 2042) – zu sein. Erst wenn sich die Grundsätze solchen Handelns verbreitet haben, besteht Aussicht, dass sich »der Steine Kräfte […] äußern« (V. 2048 f.).

Unversehens hat sich die Frage nach der wahren Religion verschoben. Nathan behandelt die Frage nicht als Wissensfrage. Er antwortet Saladin, als ob dieser gefragt hätte »Was soll ich tun?« und »Was darf ich hoffen?«, nicht aber, als hätte er gefragt »Was kann ich wissen?«. Statt des vielleicht erwarteten theoretischen Beweises stellt Nathan eine ethisch begründete

■ Ethische Forderung

27 Immanuel Kant, der in seinem Aufsatz *Was ist Aufklärung?* die mündigen Menschen aufforderte, sich ihres »eigenen Verstandes« zu bedienen (s. S. 10), nimmt mit dem kategorischen Imperativ die Frage »Was soll ich tun?« auf und erklärt dem vernünftigen Menschen: »Handle so, dass die Maxime deines Willens jederzeit zugleich als Prinzip einer allgemeinen Gesetzgebung gelten könnte« (Immanuel Kant, *Der kategorische Imperativ*, in: *Philosophisches Lesebuch. Von den Vorsokratikern bis heute*, Stuttgart 2013, S. 251.). Nicht eigene Wünsche und Begierden dürfen den obersten Grundsatz (propositio maxima) bei Handlungsentscheidungen bilden, sondern ein über allem stehendes Sittengesetz, das dem vernünftigen Menschen unmittelbar einleuchtet und an dem die allgemeine Gesetzgebung auszurichten ist – und zwar unbedingt, deshalb »kategorisch«.

Forderung. Die »wahre Religion« erweist ihre Wahrheit in der Praxis, nicht in der Theorie, wie sich ein »wahrer Freund« durch sein Handeln, nicht durch logische Beweisführung zu erkennen gibt.

Die Konsequenz: Gottes »Vorsicht« und das Handeln der Menschen

Mit der Ring-Parabel ist die Gesamthandlung des Stückes eng verknüpft. Das Stück, das räumlich an einem bestimmten Ort und zeitlich zu einem fast auf den Tag bestimmbaren Datum spielt, ist zum Lehrstück geworden, das eine besondere Art der Reaktion erwartet.

Der oberflächliche Zuschauer und der schnelle Leser werden sich vermutlich an der Fülle der vermeintlichen Zufälle und Unwahrscheinlichkeiten stoßen. Sie werden noch hinnehmen, dass ein junger Mann bei einem Brand zu Hilfe eilt und die Bewohnerin des Hauses rettet. Dass sich dann aber herausstellt, dass die junge Frau seine Schwester ist, von deren Existenz er nichts gewusst hat, muss jeden überraschen. Als völlig unrealistisch dürfte auch eingeschätzt werden, dass der außerehelich gezeugte Tempelritter von Europa zurück nach Jerusalem kommt und dort seinem Onkel, Sultan Saladin, dem Bruder seines leiblichen Vaters, vorgeführt wird. Die Liste der Unwahrscheinlichkeiten ist von beträchtlichem Umfang.

■ Die Unwahrscheinlichkeiten

Anders als in Märchen oder fantastischen Erzählungen wird in dem dramatischen Gedicht das Un-

Abb. 7: *Nathan der Weise.* Schlussszene.
Kolorierter Kupferstich, anonym. – © akg images

Die »Vorsehung«

wahrscheinliche als wirklich geschehen ausgewiesen. Das, was hier vorgeführt wird, ist nicht der Fantasie des Menschen entsprungen, sondern soll vielmehr verstanden werden als Verwirklichung einer göttlichen Vorsehung. Für Nathan steht fest, dass hinter oder vor jedem Weltgeschehen jemand steht, »der die strengsten / Entschlüsse, die unbändigsten Entwürfe / Der Könige […] / Gern an den schwächsten Fäden lenkt.« (V. 272–275) Es ist ein wichtiges, vielleicht das wichtigste Axiom seines Glaubens, dass es einen Gott gibt, den er in Zeiten großer Not, großer Verzweiflung, aber auch großer Freude anrufen kann und dass dieser Gott letzten Endes alle Fäden des wechselvollen Spiels auf Erden in der Hand hält. Auf der Erde geht alles sehr natürlich zu. Was zunächst als Zufall aussah, erweist sich im Nachhinein als ein von Gott geordnetes Zusammenspiel von Grund und Folge.

Nathan baut darauf, dass die Welt zum Besten der Menschen eingerichtet ist und dass sich alles zum Besten entwickelt, wenn die Menschen Gott vertrauen, der die Fäden locker in der Hand hält. Er nimmt damit in dem Diskurs die Position des Gläubigen ein, der nicht nur überzeugt ist, dass Gott existiert, der vielmehr darauf vertraut, dass dieser Gott nicht für die Übel und das Böse in der Welt verantwortlich ist. Moses Mendelssohn, ein guter jüdischer Freund Lessings, hat das früh erkannt:

> »Es kömmt mir vor, sagte ich, als wenn Lessing die Absicht gehabt hätte, in seinem Nathan eine Art

> von Anti-Candide[28] zu schreiben. Der französische Dichter sammelte alle Kräfte seines Witzes, spornte die unerschöpfliche Laune seines satyrischen Geistes, mit einem Worte, strengte alle außerordentliche Talente, die ihm die Vorsehung gegeben, an, um auf diese Vorsehung selbst eine Satyre zu verfertigen. Der Deutsche tat eben dieses, um sie zu rechtfertigen, und um sie den Augen der Sterblichen in ihrer reinsten Verklärung zu zeigen. Ich weiß mich zu erinnern, dass mein verewigter Freund, bald nach der Erscheinung des Candide, den flüchtigen Einfall hatte, einen Pendant zu demselben zu schreiben, oder vielmehr eine Fortsetzung desselben, in welcher er durch eine Folge von Begebenheiten zu zeigen Willens war, dass alle die Übel, die Voltaire gehäuft, und auf Rechnung der verleumdeten Vorsehung zusammengedichtet hatte, am Ende dennoch zum Besten gelenkt, und zu den allerweisesten Absichten einstimmig gefunden werden sollten.«[29]

Die Position Nathans – und in diesem Fall auch Lessings –, die kurz als Theodizee, als Rechtfertigung Gottes, bezeichnet wird und genau der skeptischen

Theodizee

28 Voltaire, *Candid oder die beste der Welten*, dt. Übertr. und Nachw. von Ernst Sander, Stuttgart 1971 [u. ö.].

29 *Moses Mendelssohns Morgenstunden oder Vorlesungen über das Daseyn Gottes* [Berlin 1785], hrsg. von Dominique Bourel, Stuttgart 1979, S. 149.

Position Voltaires[30] entgegensteht, hat nicht zur Konsequenz, dass der Mensch zur Untätigkeit verdammt und dem Schicksal oder dem Lauf der Geschichte ausgeliefert ist. Vielmehr wird erwartet, dass der Mensch aus Einsicht und mit Hilfe seiner Vernunft der Vorsehung entgegenkommt. Nathan ist überzeugt: »Gott lohnt Gutes, hier / Getan, auch hier noch.« (V. 358 f.) Diese These wird durch die Anordnung der Spielhandlung bewiesen. Durch gute Taten haben sich die drei Vertreter der Hauptreligionen schon in der Vorfabel ausgezeichnet: Nathan hat den Christen, die seine Familie gemordet haben, vergeben und Recha als Pflegetochter angenommen; Sultan Saladin hat den gefangen genommenen Tempelherrn begnadigt; und dieser Tempelherr hat das angebliche Judenmädchen gerettet. Erst nachträglich merken die Betroffenen und auch die Zuschauer und Leser, wie diese Handlungen miteinander verzahnt sind und dass nur die Handlungen zusammen die glückliche Auflösung aller Konflikte ermöglichen.

Die guten Taten

Alle drei Handlungen sind ausgeübt »mit Sanftmut, / Mit herzlicher Verträglichkeit, mit Wohltun« (V. 2045 f.) und frei »von Vorurteilen« (V. 2042). Nathan hat, als seine Familie umgebracht wurde, durchaus »mit Gott […] gerechtet, […] und die Welt verwünscht« (V. 3048 f.). Doch, so berichtet er, »die Vernunft« kam wieder und »sprach mit sanfter Stimm': ›Und doch ist Gott! / Doch war auch Gottes Rat-

30 Hoffmeister (s. Anm. 21), S. 607.

schluss das!‹« (V. 3052 f.) Dieser Einsicht folgt der Entschluss. Imperativisch wandte er sich an sich selbst:

> »Komm! Übe, was du längst begriffen hast;
> Was sicherlich zu üben schwerer nicht,
> Als zu begreifen ist, wenn du nur willst.
> Steh auf!« (V. 3055–58)

Dem guten Willen folgt die gute Tat: Nathan nimmt das fremde, christliche Kind als sein Kind an. Der gute Wille ist nicht unbegründet: Nathan stellt den Rückbezug zu Gott her; er möchte gewiss sein, dass sein Handeln in Übereinstimmung mit »Gottes Ratschluss« (V. 3054) und seiner eigenen »Vernunft« (V. 3052) ist und ruft zu Gott: »ich will! Willst du nur, dass ich will!« (V. 3058 f.)

Auf diese Einsicht gegründet und von diesem Willen getragen, hat er den neuen Lebensabschnitt begonnen. Achtzehn Jahre später sieht er sich der Gefahr gegenüber, sein Pflegekind wieder zu verlieren. Doch auch in dieser Krise bewahrt er seine Haltung: »wenn sie von meinen Händen / Die Vorsicht wieder fodert, – ich gehorche!« (V. 3076 f.)

Den moralischen Imperativ »Es eifre jeder« (V. 2041), der in der Ring-Parabel dem Richter in den Mund gelegt wird, wendet Nathan auf sich selbst an. Anders als Kant verlässt sich Lessings Nathan nicht allein auf die reine Vernunft, sondern bezieht sein Handeln auf Gott, auf Gottes Ratschluss und die Vorsehung.

Wahrheit

»Wahrheit« ist für ihn ein problematischer Begriff geworden. Er erkennt, dass die Möglichkeiten menschlichen Wissens begrenzt sind; und er findet sich mit dieser Begrenztheit ab. Schon während des Fragmentenstreits schrieb Lessing:

> »Nicht die Wahrheit, in deren Besitz irgend ein Mensch ist oder zu seyn vermeynet, sondern die aufrichtige Mühe, die er angewandt hat, hinter die Wahrheit zu kommen, macht den Werth des Menschen. Denn nicht durch den Besitz, sondern durch die Nachforschung der Wahrheit erweitern sich seine Kräfte, worinn allein seine immer wachsende Vollkommenheit bestehet. Der Besitz macht ruhig, träge, stolz – Wenn Gott in seiner Rechten alle Wahrheit, und in seiner Linken den einzigen immer regen Trieb nach Wahrheit, obschon mit dem Zusatze, mich immer und ewig zu irren, verschlossen hielte, und spräche zu mir: wähle! Ich fiele ihm mit Demuth in seine Linke, und sagte: Vater gieb! die reine Wahrheit ist ja doch nur für dich allein!«[31]

In seinem Drama zeigt er einige Figuren, die im Besitz der Wahrheit zu sein »vermeynen«, und andere, die sich bemühen, »hinter die Wahrheit zu kommen«. Die Sympathie liegt bei den zuletzt Genannten.

31 G. E. Lessing, *Eine Duplik*, in: Pelster (s. Anm. 15), S. 159.

Orthodoxie und Toleranz

Der philosophische Diskurs, der zu dem Ergebnis führt, dass »der rechte Glaube [...] nicht / Erweislich« (V. 1962 ff.) sei, hat zwingende Folgen für die Haltung und das Handeln des Menschen. Das gilt für sein Selbstverständnis, für seine Einstellung den Mitmenschen gegenüber und für sein Handeln in der Gemeinschaft. Die gesamte moralische, aber auch weite Teile der politischen Gesinnung sind betroffen.

Wäre der rechte Glaube erweislich, so wäre Orthodoxie eine angemessene Einstellung; da er das nicht ist, ist Toleranz dem Andersgläubigen gegenüber die einzig mögliche Grundeinstellung. Doch sowohl Orthodoxie wie auch Toleranz gibt es in unterschiedlichen Ausprägungen, auf unterschiedlichen Ebenen und mit unterschiedlichen Folgen.

Orthodoxie

In der Person der Daja wird eine Form der Orthodoxie vorgestellt. Daja ist davon überzeugt, dass ihr Glaube, nämlich der christliche, der einzig richtige ist, dass Zweifel und Kritik unangemessen sind und dass man alles tun müsse, um Menschen, vor allem solche, die man schätzt, zum »wahren Glauben« zu bringen. Daja ist von ihrem »Wert als Christin« (V. 752) überzeugt, möchte Recha »in Händen / [...] wissen, welche deiner würdig sind« (V. 1538 f.) und hält Nathan als »Sünde« (V. 2888) vor, dass er Recha nicht hat christlich erziehen lassen. Die Orthodoxie Dajas wird aufgedeckt und kritisiert. Doch wird Daja nicht verdammt. Was sie an Gutem tut, wird anerkannt. Dass sie naiv und unaufgeklärt bleibt, wird hingenommen.

Gefährlich wird Orthodoxie, wenn sie zu autoritärer Haltung und zu aggressivem Handeln führt. In der Figur des Patriarchen wird gezeigt, wohin Orthodoxie führen kann. Der Patriarch könnte in neuerer Sprachgebung auch als Fundamentalist charakterisiert werden, als jemand, der sich allein auf die ihm vertrauten Glaubensdokumente stützt, der keine wissenschaftliche Forschung und keine Erfahrungen zur Kenntnis nimmt, der sich an keinem öffentlichen Diskurs beteiligt und der mit allen Mitteln seine Überzeugung durchsetzt. Er neigt zum Fanatismus und überschreitet wissentlich die Grenzen von Recht und Moral, wenn er dazu auffordert, den Sultan umzubringen, und wenn er erklärt, »Bubenstück / Vor Menschen« sei »nicht auch Bubenstück vor Gott.« (V. 686 f.) Die Gefahr, die von solchem Fundamentalismus für Andersgläubige oder anders geartete Bevölkerungsgruppen ausgeht, könnte nicht deutlicher aufgezeigt werden. Im Sinne der Aufklärung sind Orthodoxe entweder naiv oder uneinsichtig, jedenfalls rückständig.

Zwei Figuren entziehen sich der gedanklichen Auseinandersetzung: Al-Hafi und der Klosterbruder. Sie verstehen sich zwar als Muslim beziehungsweise als Christ, doch geht ihnen jede Form von Glaubenseifer, Missionierungsdrang oder gar Fanatismus ab. Beide reden unverkrampft mit Nathan, dem Juden, obwohl ihre Glaubensgemeinschaften in Spannung zum Judentum stehen. Trotzdem können weder Al-Hafi noch der Klosterbruder als tolerant bezeichnet werden. Sie meiden weitere Auseinandersetzungen, indem sie Jerusalem verlassen und ihre Religion privat leben wollen.

Was Lessing unter Toleranz versteht und was er von toleranten Menschen erwartet, zeigt er an den Hauptfiguren seines Gedichts. Er führt damit die Diskussion weiter, die er schon mit seinen frühen Stücken *Der Freigeist* und *Die Juden* begonnen hatte. Die Forderung nach Toleranz wurde zu einem Hauptthema der aufklärerischen Diskussion überhaupt. Die Erörterung war in Deutschland besonders vordringlich, da hier seit dem Westfälischen Frieden 1648 die konfessionelle Spaltung besiegelt war. Eine Einheit stiftende Religion gab es im Reichsgebiet nicht mehr; jeder Landesherr bestimmte für sein Territorium die maßgebende Religion. Das Nebeneinander von Katholiken, Lutheranern und Calvinisten war verfassungsrechtlich festgelegt. Häufig waren Landesgrenzen zugleich Religionsgrenzen. Diskriminierungen von Katholiken oder Protestanten waren an der Tagesordnung; die von allen Konfessionen diskriminierte Religionsgemeinschaft war die der Juden.

■ Toleranz

Tolerantia – in der ursprünglichen lateinischen Bedeutung – heißt »das Ertragen, Erdulden«. In den Bereich der politischen Fachsprache gelangte das Wort durch das sogenannte Toleranzedikt von Mailand im Jahr 313 n. Chr., in dem Kaiser Konstantin den zuvor verfolgten Christen Glaubensfreiheit gewährte. Die

Christen wurden also geduldet, obwohl sie den offiziellen Kaiserkult ablehnten. Gegen Ende des Jahrhunderts – 391 n. Chr. – erhob Theodosius dann das Christentum zur Staatsreligion.

Nathans Vorstellung von Toleranz geht über die Forderung nach Duldung weit hinaus. Er setzt Gleichberechtigung und Gleichrangigkeit der Gruppierungen voraus, nicht Dominanz und Akzeptanz. Er erwartet nützliches Handeln von allen, ungeachtet der unterschiedlichen Religionsauffassungen. Vor allem erwartet er Verzicht auf absolute Wahrheitsansprüche und auf autoritäres Gehabe.

Nathan setzt dieses Konzept als Erster um. Er kann Saladin durch das Gleichnis von den drei Ringen überzeugen und den Tempelherrn gewinnt er in einem ausführlichen Gespräch. Am Ende der Überzeugungsarbeit steht jedoch nicht Duldung, sondern Freundschaft. Alle drei Hauptfiguren haben einen Wandel der Wertigkeiten vollzogen: Ihnen sind nicht mehr die Unterschiede der Völker und der Religionen wichtig, sondern die Gemeinsamkeit, »ein Mensch / Zu heißen!« (V. 1312 f.):

> »Sind
> wir unser Volk? Was heißt denn Volk?
> Sind Christ und Jude eher Christ und Jude,
> Als Mensch?« (V. 1308–11)

Alle drei haben die Frage indirekt beantwortet; indem Nathan das vermeintliche Christenmädchen aufnahm, Saladin den vermeintlich christlichen Europäer begnadigte und der Tempelherr das vermeintliche Judenmädchen rettete.

Vereint sind sie in dem Bewusstsein, dass man nicht *wissen* kann, welches die wahre Religion ist, dass man aber *hoffen* darf, am Ende der Zeit vor dem weisen Mann bestehen zu können, der »auf diesem Stuhle sitzen« (V. 2052) wird. Vereint sind sie aber auch in der Bereitschaft, dem moralischen Imperativ zu folgen: »Gut handeln« (V. 361) gilt ihnen als oberstes humanes Gebot.

Ausblick: Der Aufstieg des Bürgertums

Es überrascht, dass derselbe Nathan, der gerade noch unsicher in der Einschätzung Saladins war, voller Selbstbewusstsein äußert: »Möcht auch doch / Die ganze Welt uns hören« (V. 1893 f.), ehe er dem Sultan seine Parabel vorträgt. Vorerst kann der Herrscher, dem allgemein der Titel »Verbesserer der Welt und des Gesetzes« (V. 1902) zugesprochen wird, nicht annehmen, dass er etwas Weltbewegendes hören wird. Am Ende aber, als er gefragt wird, ob er sich als der von dem Richter in Aussicht gestellte »weisere / Versprochne Mann« (V. 2055 f.) fühle, schrickt er zurück: »Ich Staub? Ich Nichts? / O Gott!« (V. 2056 f.)

Der Sultan, der sich in der Rolle des absoluten Herrschers befindet, bittet den bürgerlichen Kaufmann, der zur Gruppe der wenig geachteten Juden gehört: »Aber sei mein Freund.« (V. 2060) Von Amtsautorität ist nichts mehr zu spüren. Hier stehen sich zwei gleichberechtigte Diskurspartner gegenüber, von denen der sozial niedriger Stehende die überzeugende Konzeption und die besseren Argumente hat. Im Augenblick ist dieser Kaufmann dem Herrscher sogar in wirtschaftlicher Hinsicht überlegen: Er hat »des baren Gelds« (V. 2068) fast zu viel, während die Kassen des Sultans leer sind. Mag sich am Ende auch die Finanzlage des Sultans wieder verbessern und mag er dann auch sicher als Hausherr auftreten, so wird doch deutlich, dass der Bürgerstand erheblich aufgeholt hat. Der weltgewandte Kaufmann ist kein Untertan mehr. Er ist selbstbewusster Bürger, der wirtschaftlich unabhängig ist, der sich seines eigenen Verstandes bedient und nicht nur philosophisch, sondern auch theologisch mitzusprechen weiß. Er zählt zu jener Schicht der Bürger, die auch die Rolle des Herrschers und die Struktur des absolutistisch regierten Staates zum Gegenstand kritischer Erörterungen machen können und werden.

7. Autor und Zeit

Biographischer Abriss

Gotthold Ephraim Lessing kam am 22. Januar 1729 in Kamenz, einer Stadt in Sachsen von zwei- bis dreitausend Einwohnern, als Sohn des sehr strengen Pastors Johann Gottfried Lessing und seiner Ehefrau Justine Salome Lessing, geborene Feller und Tochter des zuvor in Kamenz amtierenden Pfarrers, zur Welt. Zwölf Kinder werden in der Familie geboren; fünf sterben früh. Gotthold Ephraim ist der zweite Sohn. Der Vater, der gern die Laufbahn eines Gelehrten eingeschlagen hätte, leidet »unter den trüben Verhältnissen seiner zahlreichen Familie, unter der großen Teuerung, der geringen Besoldung, der Erfolglosigkeit, dem Mangel an Aufmunterung«.[32]

Meißen

Zwölfjährig kommt Gotthold Ephraim auf die Fürstenschule St. Afra in Meißen, ein hoch angesehenes Gymnasium, das vor allem lateinische und altgriechische Autoren nahebringt. Französisch, Mathematik und deutsche Literatur haben den Rang von Nebenfächern.

Die kriegerischen Auseinandersetzungen zwischen Preußen und Österreich berühren auch Meißen. Der Schulbetrieb wird gestört; die Internatsverpflegung ist nicht mehr gesichert. In dieser Situation erhält Les-

32 Wolfgang Drews, *Gotthold Ephraim Lessing in Selbstzeugnissen und Bilddokumenten*, Reinbek bei Hamburg 1962, S. 30.

Leipzig

sing ein kurfürstliches Stipendium und kann im September 1746, jetzt siebzehn Jahre alt, ein Studium der Theologie in Leipzig beginnen. Leipzig ist die Stadt der Kaufleute, der Buchhändler, der Gelehrten, der Literaten und des Theaters, wird als Klein-Paris gelobt und bietet dem jungen Lessing Anregungen unterschiedlicher Art. Für das Studium der Theologie eingeschrieben, besucht er gleichzeitig Vorlesungen in Mathematik und interessiert sich für Literatur und Geschichte. Die Welt des Theaters nimmt ihn gefangen. Er erhält Zutritt zu den Kreisen der Schauspieler, lebt und diskutiert mit ihnen. Große Geltung beansprucht noch immer Johann Christoph Gottsched, Professor für Philosophie und Dichtkunst, der im Jahr 1730 den *Versuch einer critischen Dichtkunst vor die Deutschen* herausgebracht hatte und seitdem als Autorität für Fragen des Theaters galt. In Leipzig hatte sich gleichzeitig eine der bedeutendsten Schauspielertruppen der Zeit niedergelassen, geleitet von Friederike Caroline Neuber, genannt »die Neuberin«, berühmt als Schauspielerin und als Prinzipalin. Der Neuberin reicht Lessing sein erstes Lustspiel – *Der junge Gelehrte* – ein; das Stück des jetzt Neunzehnjährigen wird genommen und erfährt 1748 seine Erstaufführung in Leipzig. Nebenher schreibt der junge Autor Epigramme, lyrische Texte und Fabeln. Zusätzlich beginnt er auf Anraten der Eltern eine medizinische Ausbildung, die ihm einen sicheren Lebensunterhalt garantieren soll.

Das Theologiestudium wird aufgegeben, Leipzig

Abb. 8: Gotthold Ephraim Lessing
Gemälde von Anton Graff, 1771

wird verlassen, als Christlob Mylius, ein Vetter, ihm eine Anstellung bei der »Berlinischen Privilegierten Zeitung« verschafft. Lessing zieht nach Berlin, wird Journalist und ist für die nächsten sieben Jahre (1748–55) freier Mitarbeiter, Autor und Redakteur im Feuilletonteil der *Vossischen Zeitung*, die als Blatt des gebildeten Bürgertums gilt. Zwischenzeitlich legt er in Wittenberg das Magister-Examen an der Fakultät der freien Künste ab, macht aber keinen Gebrauch von dem akademischen Titel.

Berlin

Lessing setzt auf Berlin, das von dem jungen Preußen-König Friedrich II. geprägt wird und ein Zentrum der deutschen Aufklärungsbewegung ist. Doch er findet keinen Zugang zum König und auch nicht zu dem großen französischen Aufklärer Voltaire, der beim König zu Gast ist. Dagegen hat er Freunde, Gesprächs- und Diskussionspartner in dem Verleger und Schriftsteller Christoph Friedrich Nicolai, dem jüdischen Philosophen Moses Mendelssohn, einem der wichtigsten Vertreter der deutschen Aufklärung, und in Ewald von Kleist, einem preußischen Major und Dichter. In der Berliner Zeit entsteht das bürgerliche Trauerspiel *Miss Sara Sampson*, das 1755 in Frankfurt an der Oder uraufgeführt wird, einen neuen Dramentyp begründet und eine neue Epoche realitätsnahen Theaters in Deutschland eröffnet.

Im Oktober 1755 ist Lessing wieder in Leipzig. Er hat Aussicht auf eine Stelle als Reisebegleiter eines reichen Schweizers. Doch das Projekt zerschlägt sich ebenso wie ein anderes, bei dem er einen reichen

Leipziger Patriziersohn auf einer mehrjährigen Bildungsreise durch Europa begleiten sollte. Der Siebenjährige Krieg macht Europa zu einem Krisengebiet. Unverrichteter Dinge kehrt Lessing 1758 nach Berlin zurück. Dramen und Dramenentwürfe entstehen. Wichtiger werden die *Briefe, die neueste Literatur betreffend*, seit 1759 herausgegeben von Lessing, Mendelssohn und Nicolai. Aus der Folge von 333 Briefen stammen 55 von Lessing und von diesen hat der 17. Literaturbrief Epoche gemacht. In ihm wird mit Gottsched und dem von diesem als Muster gepriesenen französischen klassizistischen Theater abgerechnet; verwiesen wird auf Shakespeare und dessen Dramen- und Theaterkonzeption. Damit war ein grundsätzlicher Paradigmenwechsel der deutschen Theater- und Literaturgeschichte eingeleitet.

Die Zeit des Siebenjährigen Kriegs

Wahrscheinlich von Ewald von Kleist vermittelt, erhält Lessing im Siebenjährigen Krieg eine Stelle als Gouvernementssekretär bei dem preußischen General von Tauentzien in Breslau. Der Dienst mag ungewohnt sein, lässt aber viel Zeit für gelehrte Studien, für gesellige Runden, für Glücksspiele – und garantiert ein angemessenes Auskommen, das ihm sogar erlaubt, in den insgesamt fünf Breslauer Jahren 6000 Bücher anzuschaffen, die er später, als er wieder in Finanznot gerät, versteigern muss.

Nach dem Friedensschluss von Hubertusburg (1763) verliert Lessing seine Stelle in der Armee, wird in Berlin nicht gebraucht und wendet sich Hamburg zu. In Hamburg wird jene Epoche machende ernste

Hamburg

Komödie vollendet, die ihren Stoff aus der unmittelbaren Gegenwart des Siebenjährigen Krieges nimmt und deren Pläne in der Breslauer Zeit entstanden: *Minna von Barnhelm oder Das Soldatenglück.*

Hamburg, das abseits der kriegerischen Auseinandersetzungen gelegen hatte, war als Bürgerrepublik mit seinen weltoffenen Kaufleuten, seinen Gelehrten, Theologen, Literaten und Schulmännern attraktiv. Hamburger Handelsherren hatten sich vorgenommen, aus dem Schauspielhaus am Gänsemarkt ein Deutsches Nationaltheater zu machen. Lessing wird als Dramaturg und hauseigener Kritiker gewonnen. Drei Jahre lang verfolgt er kritisch, was und wie am Hamburger Theater gespielt wird. Die 52 Theaterkritiken, die zusammengefasst unter dem Titel *Hamburgische Dramaturgie* herausgegeben wurden, können als eine allgemeine Poetik des europäischen Dramas der Zeit angesehen werden. Wie in Berlin, so findet er auch in Hamburg viele Kontakte: so mit den Dichtern Klopstock und Matthias Claudius, den Schauspielern Konrad Ekhof und Friedrich Ludwig Schröder, aber auch mit Theologen, so mit dem Hauptpastor Johann Melchior Goeze. Gute Freunde findet er in Dr. Johann Albert Heinrich Reimarus und seiner Schwester Margarethe Elisabeth; diese sind Kinder des Theologen, Philosophen, Philologen und Zoologen Hermann Samuel Reimarus, dessen Schriften Lessings weiteren Lebensweg noch beeinflussen sollten. Mit einem Partner versucht sich Lessing als Verlagsbuchhändler, scheitert mit dem Unternehmen jedoch kläglich. 1770 quittiert er seinen Dienst als Dramaturg in Hamburg. Die Trennung von Hamburg fällt schwer, wenn auch die angebotene Stelle eines Bibliothekars in Wolfenbüttel, dem Residenzstädtchen in unmittelbarer Nähe von Braunschweig, nicht nur finanzielle Sicherheit in Aussicht stellt.

■ Wolfenbüttel

Die dort befindliche Herzog-August-Bibliothek, der einst Leibniz vorstand, ist eine der größten und bedeutendsten in deutschen Landen. Lessing weiß die mit seiner neuen Anstellung verbundenen Möglichkeiten zu schätzen und schreibt am 27. Juli 1770 an seinen Vater: »Ich kann meine Bücher, die ich verkaufen müssen, nun sehr wohl vergessen.«[33] Nebenher bleibt ihm Zeit, sein Trauerspiel *Emilia Galotti* zu vollenden, das am 13. März 1772 in Braunschweig uraufgeführt wird. Mit dem Braunschweiger Prinz Leopold unternimmt er eine achtmonatige Bildungsreise, die über Wien und Venedig bis Rom und Neapel führt. Bei der Rückkehr wird ihm eine Gehaltszulage gewährt; er erhält eine Dienstwohnung in unmittelbarer Nähe des Schlosses und der Bibliothek; und er kann endlich – am 8. Oktober 1776 – heiraten. Seine Frau, Eva König, ist Witwe des Hamburger Seidenhändlers und Tapetenfabrikanten Engelbert König, mit dem Lessing befreundet war und der auf einer Geschäftsreise in Venedig starb. Das ersehnte Glück ist von kurzer Dauer. Am 31. Dezember 1777 schreibt Lessing seinem Freund Theodor Eschenburg: »Ich

33 Drews (s. Anm. 32), S. 110.

wollte es auch einmal so gut haben wie andere Menschen! Aber es ist mir schlecht bekommen.«[34] So schließt er den Brief, in dem er mitteilt, dass sein Sohn gestorben ist, der nur vierundzwanzig Stunden lebte. Erschöpft von der Geburt, stirbt die Mutter und Gattin zehn Tage später. Lessing ist wieder allein.

Beruflich hat Lessing in seiner Wolfenbütteler Zeit einen Streit auszuhalten, der alle Gefechte übertrifft, die er in seinem bisherigen Kritikerleben zu bestehen hatte. Als Bibliothekar hat er die Aufgabe, aus den Schätzen der Bibliothek Werke für eine Veröffentlichung vorzubereiten. Unter dem Titel *Fragmente eines Ungenannten* erscheint eine Reihe von Schriften theologisch-philosophischen Inhalts, die keineswegs aus der Bibliothek stammen, vielmehr von Hermann Samuel Reimarus, dem Hamburger Gelehrten, verfasst waren. Sie werden als Angriff auf die orthodoxe Theologie verstanden. Der Hamburger Hauptpastor Goeze fühlt sich angegriffen, nimmt die Fehde mit Lessing auf und veranlasst den Herzog von Braunschweig, Partei zu ergreifen und Lessing zu disziplinieren. Lessing weicht aus, wechselt den Kampfplatz und sagt in literarischer Form, was er zu sagen hat. Das dramatische Gedicht *Nathan der Weise* ist nicht nur Teil des »Fragmentenstreits«, sondern kann als eine Art letzter Verfügung Lessings angesehen werden.

Gotthold Ephraim Lessing starb am 15. Februar 1781 in Braunschweig und wurde dort beerdigt.

34 Drews (s. Anm. 32), S. 137.

Das Werk

Früh wurde Lessings Interesse für das Drama geweckt. In Kamenz hatte er eine Schulaufführung des *Sterbenden Cato*, des bekanntesten Dramas von Johann Christoph Gottsched, gesehen. In Meißen gehörten die lateinischen Dramen von Plautus und Terenz zur Schullektüre. In Leipzig endlich wurden Übersetzungen der französischen Dramen von Racine und Corneille von der Neuberschen Truppe gespielt – dazu auch deutsche Stücke, die nach dem Vorbild der französischen Klassiker gearbeitet waren. Lessing führte, in dieser Weise angeregt, Dramenpläne aus, die er zum Teil aus Meißen mitgebracht hatte, schrieb in der Leipziger Zeit *Damon oder Die wahre Freundschaft* (1747), *Der Misogyn* (1748), *Die alte Jungfer* (1748) und setzte sich zum Ziel, der »deutsche Molière« zu werden. Tatsächlich blieb er zeitlebens dem Theater verhaftet. Die Leipziger Dramen werden heute als »Vorarbeiten, gewissermaßen Übungsarbeiten«[35] angesehen, die, wie die Epigramme und anakreontischen Lieder, die zur gleichen Zeit entstanden, Zeugnis vom literarischen Geschmack der Zeit und der Kultur-Hauptstadt Leipzig geben.

35 *Aufklärung. Erläuterungen zur deutschen Literatur*, hrsg. vom Kollektiv für Literaturgeschichte, Berlin 1974, S. 482.

1747 Der junge Gelehrte. Lustspiel in drei Aufzügen.
Erstaufführung: Januar 1748 in Leipzig durch die Neuber'sche Truppe.

Damis, der junge Gelehrte, ist so sehr von sich eingenommen, dass er nicht nur auf Anton, seinen Diener, herabblickt, sondern auch auf die Theologen, Ärzte und Rechtsgelehrten, die er bisher kennengelernt hat. Er gibt an, sieben Sprachen zu sprechen, kennt die Regeln der Logik und die Fachsprache der Medizin, verachtet die Frauen und scheint, wie sein Vater vermutet, für ein öffentliches Amt zu ungeschickt. Auch der Plan Chrysanders, Damis' Vater, seinen Sohn mit Juliane, einer vermögenden Waise, zu verkuppeln, scheitert. Der erstrebte Gelehrtenruhm wird Damis allerdings auch nicht zuteil.

1749 Die Juden. Lustspiel in einem Aufzug.
Ein Baron ist auf der Reise von zwei Spitzbuben überfallen, von einem Reisenden, der des Wegs kam, aber gerettet worden. In einer Zeit und Gegend, die voller Vorurteile gegenüber Juden ist, vermutet man in den Räubern, die entkamen, Juden. Vergeblich gibt der Reisende zu bedenken, »daß es unter allen Nationen gute und böse Seelen geben könne«[36]. Erst am Schluss erweist sich, dass die »Räuber« aus dem Gefolge des Barons stammten und dass der Retter, also der Reisende, Jude ist.

36 Lessing (s. Anm. 13), Bd. 1, S. 389.

Ein Rezensent urteilt: »Der Endzweck dieses Lustspiels [...] ist eine sehr ernsthafte Sittenlehre, nämlich die Torheit und Unbilligkeit des Hasses und der Verachtung zu zeigen, womit wir den Juden meistenteils begegnen.«[37]

1755 **Miss Sara Sampson.** Bürgerliches Trauerspiel.

Erstaufführung am 10.7.1755 durch die Ackermann'sche Truppe in Frankfurt a. d. Oder.

Miss Sara Sampson, ein tugendhaftes Mädchen, ist einem frivolen jungen Mann, Mellefont, verfallen und diesem gefolgt. In der neunten Woche logieren sie in einem Gasthaus. Man erfährt, dass Mellefont Sara nicht heiraten kann, da er in dem Fall einer Erbschaft verlustig ginge, die er nur unter bestimmten Bedingungen erhält. Inzwischen hat aber Sir William Sampson, der Vater Saras, herausgefunden, wo seine Tochter sich aufhält, ist ihr nachgereist und will sie sprechen. Auch von Marwood, einer früheren Geliebten Mellefonts, die ähnlich wie Sara verführt worden ist und von Mellefont die zehnjährige Tochter Arabella hat, wurde Mellefont aufgespürt. Als es der Marwood nicht gelingt, Mellefont für sich zu gewinnen, ergreift sie eine Gelegenheit, Sara zu vergiften. Sir William, der bereit wäre, seiner Tochter zu vergeben, kommt zu spät. Er wird sich um Arabella kümmern, nachdem sich Mellefont selbst getötet hat.

37 Lessing (s. Anm. 13), Bd. 1, S. 415.

Miss Sara Sampson gilt insofern als der Prototyp eines bürgerlichen Trauerspiels, als ein tragisches Geschehen aus dem Milieu der bürgerlichen Welt gezeigt wird. Sowohl der Typ des tugendhaften, aber blind der Liebe folgenden Mädchens als auch der des verführenden Mannes zwischen zwei begehrten Frauen wird in späteren Dramen vergleichbarer Art aufgenommen.

1759 **Fabeln. Drei Bücher.** Nebst Abhandlungen mit dieser Dichtungsart verwandten Inhalts.
Während seines ganzen Lebens hat Lessing sich mit Fabeln beschäftigt. Erste eigene Beispiele veröffentlichte er 1747, eine erste Sammlung erschien 1753.

In der Auseinandersetzung mit dem griechischen Fabeldichter Äsop entwickelte er ein eigenes Konzept, das in der Veröffentlichung von 1759 einzusehen ist.

Jedes der drei Bücher enthält 30 Fabeln, von denen die meisten bis heute einen festen Platz in Lese- und Literaturbüchern haben. Die Fabeln, oft Bearbeitungen antiker Vorlagen, zeichnen sich aus durch Kürze und Präzision, sind in Prosa verfasst und zielen auf eine pointiert vorgetragene Lehre. Sie enthalten zu einem Teil moralische Sätze, zu einem anderen Urteile über die Verhältnisse in der Wirklichkeit sozialen und politischen Lebens.

1759 **17. Literaturbrief.**
Dieser Brief ist der berühmteste von 55 Literaturbriefen, die Lessing der Folge von 333 *Briefen, die neueste Literatur betreffend* beisteuerte.

Der zentrale Satz lautet: »Es wäre zu wünschen, daß sich Herr Gottsched niemals mit dem Theater vermengt hätte. Seine vermeintlichen Verbesserungen betreffen entweder Kleinigkeiten oder sind wahre Verschlimmerungen.« Damit wird eine neue Ära der deutschen Theatergeschichte eröffnet. Maßgebend ist nicht mehr das französische Theater mit Racine und Corneille, sondern das englische mit Shakespeare.

Der scharfe Angriff lässt unberücksichtigt, welche Verdienste sich Gottsched mit seinen Hauptwerken – Poetik, Rhetorik, Sprachlehre – um die deutsche Sprache und Literatur erworben hat.

1767 Minna von Barnhelm oder Das Soldatenglück. Lustspiel in fünf Akten.
Erstaufführung am 30. 9. 1767 in Hamburg durch die »Entreprise«.

Major von Tellheim hat nach dem Ende des Siebenjährigen Krieges den Abschied erhalten, ist mittellos und wohnt im Gasthof »König von Spanien« (II,2), der real dem bekannten Berliner Gasthof »König von Portugal« entsprach, dem Schloss gegenüber lag, heute aber nicht mehr existiert. Dem Major wird vorgeworfen, gegen die Bevölkerung in Sachsen zu mild und bestechlich gewesen zu sein. Durch seinen Diener Just lässt er seinen Verlobungsring beim Wirt versetzen, um so über etwas Geld zu verfügen. Tellheim ahnt nicht, dass Minna von Barnhelm, die den parallelen Verlobungsring trägt, gerade aus Sachsen gekommen ist und nun im gleichen Gasthof wohnt. Der in der Ehre gekränkte preußische Offizier Tellheim liebt Minna, die Sächsin, weiterhin, hält sich aber nicht für würdig, sie zu heiraten. Nicht durch Überredungskunst, sondern durch eine List öffnet Minna ihrem Tellheim die Augen. Als dann auch die Haltlosigkeit der Verdächtigungen gegenüber Tellheim offenkundig wird, steht einer Heirat nichts mehr im Weg.

Das Stück, das seinen Stoff aus der unmittelbaren Gegenwart nimmt, stellt einen preußischen Leitwert – die Ehre – zur Diskussion. Es entsteht eine neue Art von Komödie, in der die Schwächen der Menschen zugleich ernst genommen und verlacht werden: Es wird mit dem Verstand gelacht.

1767/69 Hamburgische Dramaturgie.
Die Sammelausgabe enthält 52 Beiträge, die Lessing als angestellter Kritiker des am 22. April 1767 eröffneten Hamburger Nationaltheaters schrieb. In der Ankündigung heißt es: »Diese Dramaturgie soll ein kritisches Register von allen aufzunehmenden Stücken halten, und jeden Schritt begleiten, den die Kunst, sowohl des Dichters, als des Schauspielers, hier tun wird.«[38]

Wichtiger als die kritische Erörterung der aufgeführten Stücke sind aus heutiger Sicht die durchgehend verfolgten Themen. Gefragt wird nach der möglichen Wirkung dramatischer Dichtung auf den Zu-

38 Lessing (s. Anm. 13), Bd. 4, S. 233.

schauer, nach Bauformen des Dramas, nach der Aktualität von griechischen, französischen und englischen Musterdramen und anderem.

1772 Emilia Galotti. Bürgerliches Trauerspiel in fünf Akten.

Erstaufführung am 13. 3. 1772 in Braunschweig durch die Döbbelin'sche Truppe.

Der Stoff, der auf den römischen Geschichtsschreiber Titus Livius (3,44) zurückgeht, wird in die Neuzeit und in ein kleines italienisches Fürstentum verlegt. Dort regiert der jugendliche, leichtfertige Hettore Gonzaga. Er ist in Liebe zu Emilia Galotti entbrannt, einer tugendhaften jungen Frau aus bestem Hause, die dem Grafen Appiani versprochen ist und diesen in wenigen Stunden heiraten soll. Von Gräfin Orsina, seiner einstigen Geliebten, will der Prinz nichts mehr wissen. Der Kammerherr Marinelli erfüllt Gonzagas unausgesprochenen Auftrag und lässt die Familie, die auf dem Weg zur Hochzeit ist, überfallen und Emilia auf das Lustschloss des Prinzen bringen. Dort treffen der Prinz, Emilia, die Eltern Emilias und Gräfin Orsina zusammen. Auf ihr Verlangen tötet der Vater seine Tochter, um zu verhindern, dass sie durch Selbsttötung schuldig wird.

Das Drama wurde als Musterbeispiel einer vollendeten Tragödie anerkannt. Von heute aus, rückblickend betrachtet, ist vor allem die Tendenz des Werks bemerkenswert, nämlich die schonungslose Darstellung der moralischen Verwerflichkeit des absolutistischen Herrschaftssystems und des Intrigantentums und Egoismus bei Hof und Adel.

1779 **Nathan der Weise.** Ein Dramatisches Gedicht in fünf Aufzügen.

8. Rezeption

Im August 1778 warb Lessing in mehreren Zeitschriften um Vorbestellungen seines Dramas: »Meine Freunde, die in Deutschland zerstreuet sind, werden hiermit ersucht, diese Subskription anzunehmen und zu befördern. Wenn sie mir gegen Weihnachten wissen lassen, wie weit sie damit gekommen sind: so kann ich um diese Zeit anfangen zu drucken.«[39] Etwa 1200 Subskribenten meldeten sich; die ersten 3000 Exemplare von *Nathan der Weise* wurden in der ersten Hälfte des Jahres 1779 gedruckt.[40]

Erstdruck

Lessing setzt große Erwartungen in sein Stück. Er sieht es als einen wichtigen, über die Zeiten gültigen Beitrag zu dem sogenannten Fragmentenstreit an; gleichzeitig ist er von der poetischen Qualität des Dramas überzeugt, jedoch unsicher, wie das Stück vom Publikum aufgenommen wird. Eine Äußerung aus dieser Zeit lautet: »Noch kenne ich keinen Ort in Deutschland, wo dieses Stück jetzt schon aufgeführt werden könnte. Aber Heil und Glück dem, wo es zuerst aufgeführt wird.«[41]

Tatsächlich erwartete das Theaterpublikum zu Lessings Zeiten eher eine Pathos erregende Tragödie oder eine klar erkennbare Komödie als ein »dramatisches Gedicht«. So erfuhr der *Nathan* erst einige Jahre

39 Lessing (s. Anm. 13), Bd. 2, S. 746.
40 Monika Fick, *Lessing-Handbuch. Leben – Werk – Wirkung*, Stuttgart/Weimar 2000, S. 404.
41 Fick (s. Anm. 40), S. 404.

Erste Aufführung

Erste Rezensionen

nach Lessings Tod am 14. April 1783 in Berlin seine Erstaufführung. Diese wurde von Theaterkritikern lobend besprochen; doch nach der dritten Aufführung blieb das Publikum aus; das Stück wurde abgesetzt. Der Durchbruch auf dem Theater gelang dann 1801 in Weimar. Friedrich Schiller hatte das Drama gekürzt und inszeniert. Diese Aufführung, die einen Ausgleich von Handlung und Diskurs, von Poesie und Philosophie erzielte, galt lange Zeit als Muster für weitere Inszenierungen und garantierte dem Stück einen Platz unter den klassischen Dramen der deutschen Literatur.

Die ersten Rezensionen *Nathans des Weisen* galten nicht der Struktur und der Aufführbarkeit, sondern der Tendenz und dem Inhalt. Da das Stück als Fortsetzung des Fragmentenstreits und als Teil der persönlichen Kontroverse zwischen Lessing und Goeze angesehen wurde, waren die Meinungen geteilt. Von seinen Freunden erhielt Lessing begeisterte Zustimmung; aber nicht nur die eigentlichen Orthodoxen, sondern auch Christen ohne besonderen Missionierungseifer nahmen Lessing übel, dass er »zum Besten der Menschen einen Juden, zum Schlimmsten einen Christen«[42] gemacht habe. Während die einen die beispielhafte Toleranz gegenüber anderen Religionen lobten, verurteilten die anderen die angebliche Gehässigkeit gegen die christliche Religion.[43] Eine ein-

42 Fick (s. Anm. 40), S. 420.
43 Fick (s. Anm. 40), S. 421.

deutige Stellung in dieser Kontroverse nahm Goethe ein, der 1815 schrieb:

> »Möge doch die bekannte Erzählung, glücklich dargestellt, das deutsche Publikum auf ewige Zeiten erinnern, daß es nicht nur berufen wird, um zu schauen, sondern auch, um zu hören und zu vernehmen. Möge zugleich das darin ausgesprochene [...] Duldungs- und Schonungsgefühl der Nation heilig und wert bleiben.«[44]

In diesem Satz wird die didaktische Funktion, die in Lessings *Nathan* enthalten ist, besonders hervorgehoben und das Stück der »Nation« genau aus diesem Grunde zur Annahme empfohlen.

Ob die Figur des Nathan tatsächlich eine beispielgebende Figur für die Deutschen sein könne, war eine Frage, die zu Anfang des 19. Jahrhunderts intensiv erörtert wurde. Peter Demetz schreibt in einer Abhandlung über Lessings Drama:

■ Einschätzung im 19. Jahrhundert

> »Mit keiner anderen Gestalt der deutschen Literaturtradition haben sich deutsche Interpreten und Kritiker der ersten Generationen des neunzehnten Jahrhunderts lieber beschäftigt als mit Nathan; solange das Bürgertum im Streit um seine Lebensrechte stand, war es der oft mißdeutete philosophierende Kaufmann von Jerusalem, welcher die wün-

44 Lessing (s. Anm. 13), S. 754.

schenswertesten Ideale inkarnierte. Kein Zufall, daß die Nathan-Deutung nach dem Deutsch-Französischen Kriege (1870/71) und der Reichsgründung durch Bismarck der neuen, wuchernden Faust-Deutung den alten Platz räumte. Das bescheiden Bürgerliche und denkend Humane war nach dem Kompromiß mit der autoritativen Staatsmacht und den brutalen Wundern der Gründerjahre wie fortgespült; an Stelle Nathans trat Faust, der so viel Schuld auf sich lädt, aber doch noch Hoffnung hat, Erlösung zu finden. In ihm war wirksamere Selbstrechtfertigung.«[45]

Georg Gottfried Gervinus, ein Literaturhistoriker des 19. Jahrhunderts, hatte schon 1835 geurteilt: »Auch [...] ist das Buch neben Goethe's Faust das eigenthümlichste und deutscheste, was unsere neuere Poesie geschaffen hat.«[46] Damit war indirekt auch eine Empfehlung für den Deutschunterricht an höheren Schulen gegeben – allerdings mit einer problematischen Begründung.

Als die Lektüre deutscher Schriftsteller zu Anfang des 19. Jahrhunderts »Bestandteil des nun erst institutionalisierten Deutschunterrichtes«[47] an höheren

45 Peter Demetz, *Lessing, »Nathan der Weise«. Dichtung und Wirklichkeit*, Frankfurt a. M. / Berlin 1966, S. 121.

46 Zitiert nach: Peter von Düffel, *Erläuterungen und Dokumente, Gotthold Ephraim Lessing, »Nathan der Weise«*, Stuttgart 2006, S. 156.

47 Dominik von König, *»Nathan der Weise« in der Schule. Ein Beitrag zur Wirkungsgeschichte Lessings*, in: *Lessings*

Schulen wurde, setzte man auf jene klassischen Schriftsteller der Nation, die zugleich Garanten der Bildung und der geforderten Nationalerziehung sein sollten. Als herausragende Autoren wurden Goethe, Schiller und Lessing benannt. Von Lessing sollten die »drei ›Hauptdramen‹, die *Minna*, die *Emilia* und der *Nathan* [...] ›verweilend‹« gelesen werden.[48] Gemeint ist damit eine Lektüre, die vor allem die Sentenzen des Dramas herausarbeitet und zur Annahme empfiehlt.

Lessing und Lessings *Nathan* konnten in weiten Teilen Deutschlands ihre Stellung im Lektürekanon der oberen Gymnasialklassen halten, bis der Autor von den Nationalsozialisten als »Freimaurer, internationaler Menschheitsbeglücker, Judenfreund und Judengenosse«[49] diffamiert wurde. In der Zeit nationalsozialistischer Herrschaft durfte der *Nathan* auf der Bühne nicht gespielt und in der Schule nicht gelesen werden.

■ NS-Zeit

Umso begieriger griffen die Theater und die Schulen ab 1945, nach dem Ende der Terrorherrschaft, nach Lessings Lehrstück. Epochemachende Inszenierungen in Berlin mit Paul Wegener (1945) und Ernst Deutsch (1954) und in Wien mit Attila Hörbiger (1974) in der Titelrolle waren der Anfang einer Renaissance des *Nathan*. Bis heute ist die Aktualität des Dra-

■ Nach dem Zweiten Weltkrieg

»Nathan der Weise«, hrsg. von Klaus Bohnen, Darmstadt 1984 (Wege der Forschung), S. 427.

48 v. König (s. Anm. 47), S. 431.

49 v. König (s. Anm. 47), S. 433.

mas so groß, dass nicht nur die großen deutschsprachigen Bühnen immer wieder neue Inszenierungen vorstellen; auch kleinere Bühnen nehmen das Werk ins Programm.

Im Programmheft zu einer Inszenierung des Wiener Burgtheaters aus dem Jahr 1977 schreibt der Dramaturg:

> »Wenn aktuell ist, was uns bewegt, was uns herausfordert, unsere sittlichen und moralischen Standpunkte zu betrachten, zu überprüfen, und wenn nötig zu revidieren: Wie sollte dann ›Nathan‹ in einer Welt der Diskriminierung, der immer inhumaner werdenden Ideologien nicht aktuell sein? Dazu die Urlandschaft der Religionen, die Weite, die zur Enge werden kann, wenn ein großer Geist sie nicht durchmißt – und das sollte uns heute weniger angehen? Gedankenspiel und Gedicht, heiteres Märchen auf tragischem Grunde, Lächeln, aber unter Tränen – denn die Unvollkommenheit bleibt unvollkommen und die heile Welt, die un-heil in uns allen ist, eine Illusion. ›Nathan‹, dieses alles umfassende Werk, hat Rang und Bedeutung, solange das, wofür Lessing einsteht, nicht gelebte Selbstverständlichkeit eines Planeten geworden ist, also, wie zu befürchten ist, für immer.«[50]

50 Michael Kehlmann im Programmheft des Wiener Burgtheaters, Saison 1973/74, H. 6.

Für den Lektürekanon der Gymnasien gilt: »Im Nachkriegsdeutschland gehört *Nathan* in Ost und West zur Pflichtlektüre.«[51] Auch wo solche Pflichtbindungen aufgegeben wurden, bewirken der Rang des Stückes, die Aktualität der Fragestellung und das Angebot an Diskursmöglichkeiten, dass Lessings Meisterdrama weiterhin zum verbindlichen oder geheimen Lehrplan des Deutschunterrichts der weiterführenden Schulen gehört.

51 v. König (s. Anm. 47), S. 433.

9. Prüfungsaufgaben mit Lösungshinweisen

Verstehen ist selten eine Sache des Augenblicks, meist werden Zeit, Konzentration und etwas Anstrengung erwartet. Leser, die einen zusammenhängenden Text gelesen haben, und Theaterbesucher, die eine Aufführung gesehen haben, können über die vorgestellten Figuren und über den Verlauf der Handlung Auskunft geben. Der erfahrene Leser und Zuschauer weiß aber, dass es bei genauem Lesen und bei genauem und vielleicht wiederholtem Hinsehen mehr zu verstehen gibt als zunächst angenommen.

Um dieses ›Mehr‹ zu verstehen und anderen mitzuteilen, haben sich verschiedene Verfahren der Analyse und der Interpretation bewährt.

Aufgabe 1: Literarische Charakteristik

Das Wesen einer Figur in einem dramatischen Text erschließt sich erst im Laufe des dargebotenen Geschehens – sei es schriftlich im Text vermittelt oder auf der Bühne gespielt. Empfehlenswert ist, zunächst die im Text gegebenen Daten der zu charakterisierenden Figur wie Name, Geschlecht, Alter, Beruf, Religion und soziale Stellung zusammenzutragen. Aus Handlungen und Gesprächen lassen sich dann Schlüsse auf Charaktereigenschaften, auf Wertvorstellungen und Welt- und Lebensanschauungen ableiten. Besonders sorgsam sollte das Sprachverhalten untersucht werden. Am Ende wird man die charakterisierte Figur in das Gesamtgefüge der handelnden Personen einordnen.

Arbeitsauftrag 1: Charakterisieren Sie Rolle und Figur der Daja.

Lösungshinweise

Dajas Rolle im Gruppengeflecht der Personen und im Handlungszusammenhang

- Die Situation der Christin, die im muslimisch beherrschten Jerusalem zur Zeit der Kreuzzüge eine Anstellung als abhängig Beschäftigte im Haus eines Juden hat

Figurendaten Dajas

- Herkunft und Lebensgeschichte

Soziale Stellung Dajas

- als Hauswirtschafterin und »Gesellschafterin« Rechas

Ziel ihres Handelns und Konzeption ihres Glaubens

- Europa als Heimat; die ewige Seligkeit als Ziel

Der ungerade Weg ihres Handelns

- Vorwürfe gegen Nathan
- Verführungsversuche beim Tempelherrn
- Verrat an Nathan

Rechas Urteil

- »Meine gute böse Daja« (V. 3572)

Zusammenfassung: Daja im Vergleich zu den anderen Christen des dramatischen Gedichts

- Daja ist eine orthodox und bedingungslos Gläubige, sie ähnelt in gewisser Weise dem Patriarchen. Da sie aber weder Macht noch Unterstützung hat, erreicht sie nicht dessen Radikalität. Doch auch sie ist nicht zur Vernunft zu bringen.
- Die ihr auferlegten Pflichten im Hause Nathans erfüllt sie gewissenhaft und korrekt.

Aufgaben 2 und 3: Interpretation einzelner Szenen

Sinn einer Interpretation ist, einen literarischen Text möglichst eindringlich zu verstehen und das Verstandene zu deuten und zu erklären. Da die einzelnen Dramenszenen immer nur Teil des Ganzen sind, setzt die Interpretation ein gewisses Vorverständnis dieses Ganzen voraus und hat gleichzeitig das Ziel, das gesamte Werk besser zu verstehen und verständlich zu machen.

Wesentlich ist dabei, die Funktion einer Szene zu erkennen. In der einen Szene wird etwa ein philosophischer Exkurs entfaltet, in einer anderen werden entscheidende Handlungsentwicklungen vorgeführt. Diese Unterscheidung sollte sich der Interpret zunutze machen, wenn er die Ergebnisse seiner Interpretation schriftlich niederlegt. Er wird den Themenschwerpunkt benennen und dann auf Differenzierungen aufmerksam machen, wenn er einen Diskurs erläutert. Er liefert dann eine aspektgeleitete Interpretation.

Will er aber Handlungsschritte oder Rede-Duelle transparent machen, wird er eine Szene Schritt für Schritt abtasten. Er legt dann eine lineare Interpretation vor.

Arbeitsauftrag 2: Interpretieren Sie den fünften Auftritt des zweiten Aufzugs aus Lessings dramatischem Gedicht *Nathan der Weise* im Hinblick auf die dort gestellte Frage nach der Beziehung von Gottesglaube und menschlicher Tugend.

Lösungshinweise

Einleitung

- Einordnung des Auftritts in den Gesamtzusammenhang des Dramas: Name des Autors, Titel des Stücks und Anlass seiner Entstehung. Knappe Inhaltsangabe des Werkes.

Stellenwert des Auftritts für das dramatische Gedicht

Themenorientierte Interpretation: Tugend und Gottesglaube

1. Nathans Versuch, sich beim Tempelherrn für dessen Tat und »Großmut« zu bedanken und die Bagatellisierung dieser Tat durch den Tempelherrn als »Pflicht«
2. Das Vorurteil des Tempelherrn bezüglich der Juden und die allmähliche Verwirrung
   - »Der reichre Jude war / Mir nie der bessre Jude.« (V. 1231 f.)
   - »Ich bin betreten« (V. 1261)

3. Der vernachlässigenswerte Unterschied der Religionen an »Farb', an Kleidung, an Gestalt« (V. 1276) und die gemeinsame Vorstellung davon, »wie gute Menschen denken« (V. 1273)
4. Das Freundschaftsversprechen

Arbeitsauftrag 3: Interpretieren Sie den zweiten Auftritt des vierten Aufzugs aus Lessings dramatischem Gedicht *Nathan der Weise*: Die Unterredung zwischen dem Tempelherrn und dem Patriarchen.

Lösungshinweise

Beachten Sie: Der Patriarch ist eine der Hauptfiguren des dramatischen Gedichts *Nathan der Weise*, obwohl er nur in einer einzigen Szene auf der Bühne erscheint. Doch die Begegnung von Tempelherr und Oberhaupt der christlichen Kirchengemeinde in Jerusalem ist dadurch vorbereitet, dass ein Klosterbruder den Tempelherrn hat wissen lassen, dass der Patriarch den Tempelherrn für schmutzige Dienste wie Spionage, Raub und Totschlag zugunsten der kriegführenden Christen gewinnen will (I,5). Auch nach der Unterredung geht noch einmal Gefahr vom Patriarchen aus, wenn der Tempelherr juristische Hilfe bei ihm sucht (IV,2).

Einleitung

- Einordnung des Auftritts in den Zusammenhang des Stücks: Name des Autors, Titel und Gattung des Stücks, Anlass der Entstehung, Zeitpunkt der Publikation. Kurze Inhaltsangabe des Werkes.

Lineare Analyse und Interpretation

1. Die Begegnung von Tempelherr und Patriarch (V. 2454–2461)
   - Die Situation des Tempelherrn
   - Die Selbstdarstellung des Patriarchen
2. Die Bitte des Ratsuchenden und die Bedingungen des Ratgebers (V. 2461–2492)
   - Patriarch: »daraus / Kann etwas werden.«
   - Die Sache Gottes
   - Der Stellenwert der Vernunft

Die Problemfrage:

»Was wär hierbei wohl / Zu tun?« (V. 2492–2569)

1. Fall, Faktum oder Hypothese?
2. Diskurs oder Vorverurteilung?
3. Die vorurteilsbestimmte Radikalisierung des Patriarchen: »Tut nichts! der Jude wird verbrannt.« (V. 2546)

Die Trennung (V. 2566–2600)

1. Der Rückzug des Tempelherrn
2. Der Ausblick des Patriarchen auf den Rechtsweg
   - Der Verweis auf die vertraglich zugesicherte Schutzpflicht der »allerheiligsten Religion« durch den Sultan

- Die Bedeutung der Religion zum Erhalt aller »bürgerliche(n) Bande« (V. 2580)

Zusammenfassung:

- In der Person des Patriarchen ist die Position des orthodoxen Hauptpastors Goeze, Lessings Gegner im Fragmentenstreit, deutlich zu erkennen, der den Herrscher zu Hilfe ruft, wenn er sich argumentativ nicht behaupten kann.

Aufgabe 4: Analyse und Diskussion eines Sachtextes

Jeder Mensch erlebt und erfährt sich als ein Ich, also als Individuum, als unteilbare Ganzheit. Gleichzeitig ist er ein soziales Wesen, d. h. er ist auch Teil meist mehrerer Gruppen. Er gehört einer Familie an, hat Verwandte, Bekannte und Freunde, lebt mit Nachbarn in einer Gemeinde, hat sich unterschiedlichen Vereinen angeschlossen, gehört zu einer Sprachgemeinschaft, einem Volk, einer Nation und – möglicherweise – einer Glaubensgemeinschaft, einer Konfession.

Fragen: Wie sind Sozialität und Individualität in Einklang zu bringen? Inwieweit behält der Einzelne seine Eigenständigkeit, inwieweit wird er von Gruppen vereinnahmt? Welche Gruppen schließen sich ab, welche ergänzen sich, welche Gruppen stehen in gegenseitiger Spannung, welche stehen in Widerstreit und bekämpfen sich?

Arbeitsauftrag 4: Analysieren und diskutieren Sie den Textausschnitt von Robert Paul Wolff, »Jenseits der Toleranz«, unter Berücksichtigung folgender Aspekte:

1. Charakterisieren Sie die Textsorte und stellen Sie Vermutungen über den Verfasser an.
2. Erklären Sie den ersten Satz des Textausschnitts, indem Sie die beiden Hauptsätze des Satzgefüges einzeln analysieren und dann in Beziehung setzen.
3. Problemfrage: Ist es möglich, das Spannungsverhältnis zwischen unterschiedlichen Gruppen erträglich zu machen oder nicht?

Textausschnitt zur Analyse und Diskussion: Robert Paul Wolff, *Jenseits der Toleranz*

»In einer ausgedehnten Gesellschaft ist eine Vielheit von Gruppen wesentlich für die gesunde Entwicklung des Individuums, aber es liegt eine Gefahr in der Gefühlsbindung, in die man seiner Primärgruppe gegenüber eintreten muß. In der Zunftsprache der Soziologen geredet, ist ›out-group‹-Feindschaft die natürliche Begleiterscheinung der ›in-group‹-Anhänglichkeit. Je wärmer einer sagt ›wir‹, desto kälter wird er sagen ›sie‹. Aus der individuellen Kraft, die einem jeden aus seiner Gruppe zuströmt, wird sich die gesellschaftliche Schwäche bornierten Hasses ergeben, das heißt der Intoleranz.

Eine Lösung des Problems der Intoleranz besteht freilich darin, die Bande zu lösen, die das Individuum an seine ethnischen, religiösen oder wirtschaftlichen Gruppen fesseln. Wir sind im Innern alle Brüder, ist die Botschaft des Humanisten, was besagt, daß die Züge, in denen wir gleich sind, wesentlicher sind als die, in denen wir voneinander abweichen. Doch die im Auflösen begrenzender Bindungen enthaltene Gefahr liegt darin, daß wir ohne jene nicht leben können. Wenn die Einzelperson der Stärkung in Gestalt unmittelbaren Widerhalls bedarf, der Bestätigung ihrer Erwartungen und Wertungen von Angesicht zu Angesicht, um kräftig zu sein, und wenn – wie diese Theorie behauptet – kein Mensch wirklich die ganze Nation als seine Primärgruppe ansehen kann, dann ist es unheilvoll, die primären Bande zu schwächen, selbst wenn dies im Namen der Verbrüderung geschieht. Das hieße die Übel des ›Massenmenschen‹ begünstigen, des bindungslosen, gesichtslosen Glieds der einsamen Masse.

Die Alternative zur blanken Nivellierung der Unterschiede in einer umfassenden Verbrüderung ist Toleranz, eine willige Hinnahme, ja Ermutigung der Vielfalt von Primärgruppen. Wenn die Menschen dazu gebracht werden können zu glauben, daß es für die Gesellschaft wirklich gut ist, wenn sie viele Bekenntnisse, viele Rassen und viele Lebensstile aufweist, dann lassen sich die günstigen Folgen des Pluralismus aufrechterhalten, ohne die Krankheit des Vorurteils und des bürgerlichen Haders. Um noch einmal Platons Redeweise zu gebrauchen: Pluralismus ist die Beschaffenheit, die eine moderne Industriegesellschaft haben muß, damit sie überhaupt funktioniert; Toleranz aber ist diejenige Geisteshaltung, die sie dazu befähigt, gut zu funktionieren. Deshalb ist Toleranz für die Gruppentheorie der Gesellschaft die wahrhafte Tugend einer pluralistischen Demokratie.«[52]

Lösungshinweise

Einleitung

- Charakterisierung der Textsorte und Vermutungen über den Verfasser.

Analyse des Textauszuges

- Erklärung des ersten Satzes des Textausschnitts, indem die beiden Hauptsätze des Satzgefüges einzeln analysiert und dann in Beziehung gesetzt werden.

1. Inwiefern ist für eine »gesunde Entwicklung des Individuums« »in einer ausgedehnten Gesellschaft« eine »Vielheit von Gruppen« wesentlich?
   - Erwartungen der »Gesellschaft« und der unterschiedlichen »Gruppen«?
   - Selbstverständnis des »Individuums«?
2. Inwiefern liegt in der »Gefühlsbindung, in die man seiner Gruppe« gegenüber eintreten muss, eine »Gefahr«?
3. Erläutern Sie den Begriff »Primärgruppe«. Nennen Sie Beispiele für Primärgruppen, die »Gefühlsbindungen« erwarten, die »gefährlich« werden können.

52 Robert Paul Wolff, *Jenseits der Toleranz*, in: R. P. W. / Barrington Moore / Herbert Marcuse, *Kritik der reinen Toleranz*, Frankfurt a. M., Suhrkamp 1966, S. 27. – © 1966 Suhrkamp Verlag, Frankfurt am Main.

4. Erklären Sie die These, dass »›in-group‹-Anhänglichkeit« natürlicherweise von »›out-group‹-Feindschaft« begleitet wird.

Problemfrage:
Ist es möglich, das Spannungsverhältnis zwischen unterschiedlichen Gruppen erträglich zu machen oder nicht?

- Erklären Sie die im Text als möglich genannten Haltungen: Intoleranz, »Nivellierung aller Unterschiede« und Toleranz.
- Beziehen Sie Ihre Diskussion auf Lessings Text *Nathan der Weise* und beschreiben Sie die Gruppenzugehörigkeit und die Haltungen und Entwicklungen (oder auch Nicht-Entwicklungen) einzelner Figuren.

10. Literaturhinweise / Medienempfehlungen

Textausgaben

Viele Einzelausgaben des *Nathan* stehen zur Verfügung – zum Teil mit Kommentar und mit Materialien im Anhang. Der vorliegende *Lektüreschlüssel* bezieht sich auf:

Gotthold Ephraim Lessing: Nathan der Weise. Ein dramatisches Gedicht in fünf Aufzügen. Hrsg. von Thorsten Krause. Stuttgart: Reclam, 2017. (Reclam XL. Text und Kontext. 19156.)

Im Laufe der Zeit hat es mehrere Gesamtausgaben der Werke Lessings gegeben. Zur Lektüre bietet sich folgende Edition an:

Gotthold Ephraim Lessing: Werke in acht Bänden. Hrsg. von Herbert G. Göpfert. München: Hanser, 1970 ff.

Biographien

Zur genaueren Vergegenwärtigung von Lessings Lebenslauf empfehlen sich:

Gotthold Ephraim Lessing in Selbstzeugnissen und Bilddokumenten. Dargest. von Wolfgang Drews. Reinbek bei Hamburg 1962. (rowohlts monographien. 75.)

Lessings Leben und Werk in Daten und Bildern. Hrsg. von Kurt Wölfel. Frankfurt a. M. 1967.

Gotthold Ephraim Lessing. Hrsg. von Gerhard und Sibylle Bauer. Darmstadt 1986. (Wege der Forschung. Bd. 211.)

Albrecht, Wolfgang: Gotthold Ephraim Lessing. Stuttgart 1997. (Sammlung Metzler. 297.)

Hildebrandt, Dieter: Lessing. Biographie einer Emanzipation. München 2003.

Literaturgeschichtliche Einordnung

Lessing gilt als der wichtigste und bedeutendste Literat der deutschen Aufklärung. Es ist naheliegend, die entsprechenden Kapitel in einer Literaturgeschichte nachzulesen. Einige Literaturgeschichten unterschiedlicher Konzeption werden hier genannt:

Aufklärung. Erläuterungen zur deutschen Literatur. Hrsg. vom Kollektiv für Literaturgeschichte im volkseigenen Verlag »Volk und Wissen«. Berlin 1977.

Merker, Nicolao: Die Aufklärung in Deutschland. München 1982. (Beck'sche Elementarbücher.)

Pelster, Theodor: Literaturepochen: Aufklärung und Gegenbewegung. Arbeitsbuch Deutsch. München 1996.

Pütz, Peter: Die deutsche Aufklärung. 4., überarb. und erw. Aufl. Darmstadt 1991. (Erträge der Forschung.)

Wessels, Hans-Friedrich (Hrsg.): Aufklärung. Ein literaturwissenschaftliches Studienbuch. Königstein i. Ts. 1984. (Athenäum Taschenbücher Literaturwissenschaft.)

Handbücher und Bibliographien

Wer sich genauer mit dem Gesamtwerk Lessings beschäftigen will – etwa zum Verfassen einer Facharbeit –, findet Informationen, Themenvorschläge, Arbeitshinweise und weiterführende Literatur in zwei umfangreichen Arbeitsbüchern:

Lessing: Epoche, Werk, Wirkung. Ein Arbeitsbuch für den literaturgeschichtlichen Unterricht. Von Wilfried Barner, Gunter Grimm, Helmuth Kiesel, Martin Kramer. München 1976. (Beck'sche Elementarbücher.)

Fick, Monika: Lessing-Handbuch. Leben – Werk – Wirkung. Stuttgart/Weimar 2016.

Interpretationen, Materialien und Erläuterungen

Düffel, Peter von: Erläuterungen und Dokumente. Gotthold Ephraim Lessing, *Nathan der Weise.* Stuttgart 2015. (Reclams Universal-Bibliothek. 8118.)

Koebner, Thomas: *Nathan der Weise.* Ein polemisches Stück? In: Interpretationen: Lessings Dramen. Stuttgart 2013. (Reclams Universal-Bibliothek. 8411.)

Lessings *Nathan der Weise.* Hrsg. von Klaus Bohnen. Darmstadt 1984. (Wege der Forschung. 587.)

Lindken, Hans Ulrich: Erläuterungen zu Gotthold Ephraim Lessing: *Nathan der Weise.* 11., neubearb. Aufl. Hollfeld 1996. (Königs Erläuterungen und Materialien. 10.)

Möbius, Thomas: Gotthold Ephraim Lessing: *Nathan der Weise.* Hollfeld 2013. (Königs Erläuterungen und Materialien.)

Rahner, Thomas: Gotthold Ephraim Lessing: *Nathan der Weise.* (Lektüre-Durchblick plus.) München 2011.

Rohrmoser, Günter: Lessing: *Nathan der Weise.* In: Das deutsche Drama. Interpretationen. Hrsg. von Benno von Wiese. Bd. 1. Düsseldorf 1980.

Schilson, Arno: Lessings Christentum. Göttingen 1980. (Kleine Vandenhoeck-Reihe. 1463.)

Sedding, Gerhard: Gotthold Ephraim Lessing: *Nathan der Weise.* Stuttgart/Düsseldorf/Leipzig 2011. (Klett Lektürehilfen.)

Will, Timotheus: Lessings dramatisches Gedicht *Nathan der Weise* und die Philosophie der Aufklärungszeit. Paderborn/München/Wien/Zürich 1999. (Modellanalysen Literatur.)

11. Zentrale Begriffe und Definitionen

Akt: lat. *actus* ›Handlung‹. ➤ Aufzug.

Analyse: griech. *analyein* ›auflösen, auftrennen‹. Wissenschaftliche Arbeitsmethode, bei der Einzelteile aus einem Ganzen herausgelöst und erklärt und damit in ihrer Bedeutung für das Ganze erkannt werden. Beispiele: Formanalyse, Strukturanalyse, Stilanalyse. ➤ Prüfungsaufgaben S. 129

➤ S. 120, 126 f.

Analogie: griech. *analogia* ›Übereinstimmung mit etwas, Ähnlichkeit‹. Lessing sieht in der Erzählung von den drei Ringen eine »Analogie« zum ➤ Fragmentenstreit.

➤ S. 61, 77

Apostasie: griech. *apostasis* ›Abfall, Absonderung‹. Abfall von einem Herrscher, Abtrünnigwerden von einer Religion, einer Weltanschauung, einer Partei und deren Zielen. Für den Patriarchen ist Apostasie ein Straftatbestand.

➤ S. 43

Aufklärung: ein im 18. Jahrhundert aus der Meteorologie in die Geistesgeschichte übertragener Begriff, der nach Immanuel Kants Definition den »Ausgang des Menschen aus der selbstverschuldeten Unmündigkeit« bezeichnet. Aufklärung bedeutet, zeitübergreifend, Emanzipation aus sehr unterschiedlichen Fesseln; Aufklärung ist gleichzeitig Bezeichnung für eine geistesgeschichtliche Epoche zwischen 1720 und 1790, in der das Bürgertum aus der Ständegesellschaft und der absolutistischen Herrschaftsform mit Leitideen wie Vernunft, Toleranz, Freiheit und Gleichheit auszubrechen versuchte. Die literarischen

Werke dieser Epoche hatten einen stark lehrhaften und moralisierenden Charakter. Wichtige deutschsprachige Vertreter neben Lessing waren: Johann Christoph Gottsched und Christian Fürchtegott Gellert.

➤ S. 8 ff., 56 f.

Auftritt: Bezeichnung für eine kleinere Einheit des ➤ Dramas innerhalb eines ➤ Aktes oder ➤ Aufzugs, auch »Szene« genannt. Eine ➤ Szene ist gekennzeichnet durch eine in sich abgeschlossene Personenkonstellation, beginnend mit dem »Auftritt« und endend mit dem »Abtritt« der die Szene bestimmenden Figuren und durch das gleichbleibende Bühnenbild.

➤ S. 13 ff.

Aufzug: bei Lessing Bezeichnung für den ➤ Akt als einen größeren Handlungszusammenhang innerhalb des ➤ Dramas, gekennzeichnet durch das Aufziehen des Vorhangs am Anfang und das Zuziehen des Vorhangs am Ende einer Handlungseinheit. Das klassische Drama besteht aus fünf Akten oder Aufzügen.

➤ S. 13 ff., 46

Blankvers: engl. *blank verse* ›reiner, reimloser Vers‹: reimloser jambischer (➤ Jambus) Vers, in der Regel mit fünf Hebungen. Beispiel:

»Daja: Dass Íhr doch éndlich eínmal wíederkómmt.« (V. 2)

➤ S. 52

Dialog: griech. *dialogein* ›sich unterhalten, sich besprechen‹: mündliches oder schriftliches Zwiegespräch. Eine Hauptform direkter zweiseitiger Kommunikation.

➤ S. 48, 67

Diskurs: lat. *discursus* ›das Auseinanderlaufen, das Hin-

und Herlaufen‹. Mit dem Oberbegriff Diskurs bezeichnet man die gedankliche Auseinandersetzung bei Meinungsverschiedenheiten zur Lösung von Problemfragen. Als Problemfragen gelten ungelöste Fragen, deren Beantwortung Schwierigkeiten bereitet. Dazu gehören Fragen wie: Ist diese Aussage »wahr« oder nicht? Ist die Verurteilung dieses Angeklagten »gerecht« oder nicht? Ist dieser Vorschlag der Regierungspartei »nützlich« oder nicht? Zu den Fragen werden Meinungen gebildet und als Thesen oder ➤ Hypothesen formuliert. Die Meinungen werden durch Argumente abgestützt. Ehe die Argumente abgewogen sind und ehe die genauen Umstände eines Falls dargelegt worden sind, darf keine Vorverurteilung stattfinden.

Konsens nennt man den Zustand, in dem alle zu einer gemeinsamen Überzeugung gefunden haben. Bleibt ein Dissens bestehen, wählt man die Methode der Abstimmung oder Wahl, um handlungsfähig zu bleiben.

Beispiel für einen gelungenen Diskurs, der allerdings Daja als Dissidentin zurücklässt, ist die Erörterung der Frage, ob Recha durch einen »Engel« oder einen »tugendhaften Menschen« gerettet wurde. (I, 2.)

Beispiel für einen verweigerten Diskurs ist die Vorverurteilung durch den Patriarchen: »Tut nichts! der Jude wird verbrannt.« (V. 2546)

➤ S. 11, 43 f., 62

Drama: griech. *drama* ›Handlung, Tat, Schauspiel‹. Eine der drei Hauptgattungen der Literatur neben Epik und Lyrik. Im Drama werden in sich abgeschlossene Handlungen durch Personen in Rede und Gegenrede szenisch vor einem Publikum dargestellt. Dramatische Großformen sind die Tragödie und die Komödie. Indem Lessing seine Dichtung als »dramatisches Gedicht« ankündigt, vermeidet er eine nähere Klassifizierung dieser Art. Gleichzeitig deutet er an, dass sein Stück auch als Gedicht gelesen werden kann. Mit der Einteilung in Aufzüge und Auftritte und der sprachlichen Gestaltung durch ➤ Dialoge und ➤ Monologe folgt er allerdings den Gestaltungsprinzipien traditioneller Dramen. Klassisch ist die Struktur des Fünfaktschemas.

➤ S. 47ff., 51, 61 f., 68

Dramaturg: Mitglied der Theaterleitung, verantwortlich für die Verfertigung und Aufführung von Stücken.

➤ S. 102 f., 110

Drei Einheiten: Auf Aristoteles zurückgehende Regel, nach der im klassischen ➤ Drama die Einheit der Handlung (ein einziger Handlungsstrang), die Einheit des Ortes (ein einziger Schauplatz) und die Einheit der Zeit (ein Tag von Sonnenaufgang bis Sonnenuntergang) gewahrt werden muss. Lessing folgt in seinem dramatischen Gedicht weitgehend diesen Regeln. Allerdings wechselt er den Schauplatz. Doch achtet er darauf, dass die Entfernung zwischen dem Haus des Juden Nathan und dem Palast des Sultans in der zur Verfügung stehenden Zeit überbrückt werden kann. Dramen, die der Regel von den drei Einheiten folgen, nennt man auch »geschlossene Dramen«.

➤ S. 50

Enjambement: frz. *jamber* ›springen‹. Zeilensprung. Beispiel:

»O Nathan,
Wie elend, elend hättet Ihr indes
Hier werden können! Euer Haus [...]« (V. 12 f.)

➤ S. 52

»Fragmente eines Ungenannten«: lat. *frangere* ›brechen, zerbrechen‹, dazu *fragmentum* ›Bruchstück‹. Als Lessing 1774 als »Beiträge zur Geschichte der Literatur aus der herzoglichen Bibliothek zu Wolfenbüttel« Teile aus den Werken des Orientalisten Reimarus als »Fragmente eines Ungenannten« herausgab, verschwieg er bewusst, dass diese »Fragmente« gar nicht aus der Wolfenbütteler Bibliothek stammten und dass er sehr wohl den wahren Autor der Schriften kannte. Dem ersten Ausschnitt aus dem Werk des Reimarus, das den programmatischen Titel »Von der Duldung der Deisten« trug, folgten weitere Bruchstücke, also Fragmente, die den Widerspruch der orthodoxen Geistlichkeit hervorriefen. Der gesamte Streit zwischen Lessing und seinen Kontrahenten, zu dem letztlich auch das dramatische Gedicht *Nathan der Weise* gehört, wird unter der zusammenfassenden Bezeichnung »Fragmentenstreit« diskutiert.

➤ S. 57–61, 104

Fragmentenstreit: ➤ »Fragmente eines Ungenannten«

Hypothese: griech. *hypothesis* ›Unterlage, Grundlage; Annahme, Vorschlag‹. ➤ Diskurs

➤ S. 44

Intention: lat. *intentio* ›Anspannung, Absicht‹. Aussageabsicht, die ein Autor beim Verfassen seines Werks verfolgt. Lessing gibt seinen Freunden gegenüber offen zu, dass er mit dem dramatischen Gedicht *Nathan der Weise* den ➤ Fragmentenstreit auf einem anderen Schauplatz fortführt und von dort seine Gegner attackiert. Die Attacke gegen den Patriarchen ist als Teil der Auseinandersetzung mit dem Hamburger Pastor Goeze zu lesen.

➤ S. 58, 62

Interpretation: lat. *interpretatio* ›Auslegung, Erklärung, Deutung‹. Methodisch angelegte Gesamtdeutung eines literarischen Textes. Erwartet werden Hinweise zu Inhalt, Form, Intention, Sprachgestaltung und die Zusammenführung der Erkenntnisse in schriftlicher oder mündlicher Form. Erwünscht ist die Zuordnung zu einer Gattung und zum Gesamtwerk des Autors.

➤ S. 122 f.

Jambus: griech. *iambos* ›Jambus, Spottvers‹. Zweiteiliger Versfuß, der aus einer betonten und einer unbetonten Silbe besteht.

➤ S. 52

Kritik: griech. *krínein* ›scheiden, sichten, sehen; anklagen, entscheiden, urteilen‹. Kritik wird der gesamte Vorgang einer sorgfältigen Prüfung von Aussagen, Sachverhalten und Personen genannt, an dessen Ende ein fundiertes Urteil stehen sollte. In diesem Vorgang geht es nicht allein um das Aufdecken von Fehlern und Schwächen, sondern auch um die Prüfung des menschlichen Erkenntnis- und Urteilsvermögens.

➤ S. 10

Märchen: phantasievoll ausgestaltete Prosaerzählung mittlerer Länge. Wenn Nathan ankündigt, ein »Märchen« zu erzählen, so verschleiert er damit, dass er eigentlich vorhat, statt eines Märchens eine lehrhaft angelegte ➤ »Parabel« vorzutragen.

➤ S. 53, 76 f.

Metrum: griech. *metron* ›Maß, Maßstab, Richtschnur‹. Feste rhythmische Einheit, in der die Abfolge von betonten und unbetonten Silben geregelt ist. Für sein dramatisches Gedicht hat sich Lessing für das Versmaß des ➤ Blankverses entschieden.

Monolog: griech. *monos legein* ›als Einzelner allein reden‹. Selbstgespräch einer einzelnen Person im Gegensatz zum ➤ Dialog und zum Gruppengespräch.

➤ S. 48

Novelle: lat. *novellus, -a, -um* ›kleine Neuigkeit‹, abgeleitet von *novus. -a, -um* ›neu‹. Eine Art epischen Erzählens. Als eine der ersten Novellensammlungen gilt Boccaccios *Decameron*, aus dem jene Novelle stammt, die Lessing zu seiner Ringparabel umgestaltet.

➤ S. 62–67

Parabel: griech. *parabole* ›Nebeneinanderstellung, Vergleich, Gleichnis‹. Ein zu einer selbstständigen Erzählung erweiterter Vergleich, der durch Analogieschluss zu der eigentlich gemeinten Aussage führen soll. Im Zentrum von Lessings *Nathan* steht die sogenannte Ringparabel. Erzählt wird auf der Bildebene von einem Vater, von Ringen und von Schwierigkeiten im Erbfall. Das eigentlich Gemeinte müssen Hörer und Leser selbst ergründen.

➤ S. 53, 75 ff.

Poetik: griech. *poiesis* ›Tun, Machen; Schöpfung, Dichtung‹. Die Lehre von der Dichtkunst im Sinne einer Anweisung zum richtigen Dichten und angemessenen Beurteilen. Als verbindliche Regeln galten zur Zeit Lessings noch das Einhalten der ➤ drei Einheiten und die ➤ Ständeklausel.

➤ S. 25

Problem: griech. *problema* ›Klippe; Streitfrage, Frage‹.

➤ Diskurs

➤ S. 43, 71

Rezension: lat. *recensere* ›mustern, erwägen, aufzählen‹. Kritisch wertende Besprechung dichterischer und wissenschaftlicher Werke.

➤ S. 114 ff.

Rezeption: lat. *recipere* ›zurücknehmen, wiederaufnehmen, annehmen‹. Aufnahme eines Kunstwerks beim Publikum.

➤ S. 113–119

Ständeklausel: Nach den Vorstellungen des Aristoteles sollen die tragenden Personen der Tragödie adlig, die Personen der Komödie nichtadlig sein. Im Personenverzeichnis aller Dramentexte wurden die Rollenträger, hierarchisch geordnet, entsprechend ihrem sozialen Status vorgestellt.

➤ S. 25

Subskription: lat. *subscribere* ›unten hinschreiben, auf- und verzeichnen‹. Vorbestellung eines meist teuren oder nur für einen begrenzten Kreis interessanten Druckwerks beim Buchhändler, Verlag oder Autor.

➤ S. 68, 113

Szene: griech. *skene* ›Zelt, Hütte, Bühne‹. Kurze und abgeschlossene Gliederungseinheit eines Dramenaktes, die durch das Auf- und Abtreten der Figuren begrenzt und durch das gleichbleibende Bühnenbild bestimmt ist.

➤ S. 25, 48